KINZAI バリュー叢書

地域金融機関の総合サービス化戦略

金融×非金融で地域のハブに

アビームコンサルティング
大野　晃／岡本　陽介／小林　悠彌［著］

一般社団法人 金融財政事情研究会

はじめに

「地域金融機関を取り巻く環境は大変厳しい」

そういわれて久しい。もちろんそれは金融機関に限った話ではなく、金融機関のお客さまである各地の事業者はもっと大変である、ということが大前提ではあるが。１９８０年代の金融自由化、バブル崩壊、失われた20年、人口減少の加速等、金融機関にとっての経営環境は激変の一途をたどってきた。また、装置産業ともいえる金融サービスはテクノロジーの発展とともに進化を求められ、フィンテックの台頭に対応するうちに、足許の加速するデジタル化の潮流のなかでウェブ３・０やメタバースなど、ビジネス環境を激変させる可能性を秘めたテクノロジートレンドも配慮した経営を求められる状況にある。このような環境下、従来のビジネスモデルのままでは持続的な経営は困難という認識のもと、各金融機関はそれぞれの置かれた環境や自らの特長を鑑み、生き残りのための様々な取組みに邁進されていると思う。実際に我々がお付き合いをさせていただいている地域金融機関の方々も口を揃えて経営環境の厳しさに言及されるが、この現実を真っすぐに見据え、将来に向けた取組みを真剣に考え、実行に移している方々も多くいる。本書では、この地域金融機関の動向のなかでも、新たなビジネスモデルに昇華し得る可能性を秘めた「**総合サービス化**」という経営戦略を取り上げたい。総合サービス化とは、金融だけにとどまらず、非金融も含めた様々な事業への展開を意味する。

弊社は、多くの業界のクライアントを抱える総合コンサルティングファームとして業界を跨ぐ取組み（異業種進出）に関する自社研究を行ってきた。異業種による金融業界への進出が目立つなか、昨今、メガバンクや大手銀行、地方銀行等の金融機関が他業種へ進出する事例に注目していた。弊社は25年以上にわたって地域金融機関の様々な経営課題の解決に携わる機会を頂戴してきたが、近年は多くの地方銀行業界の再編やその後の取組みに関わらせていただいている。多くの地域金融機関の方々や地域を支えるための取組みに尽力されている方々と意見を交わすなかで、地域金融機関が総合サービス化を行うことの意味とは一体何であるのか、それは地域にとってどのような意味を持つのかなど、根源的な問いが我々に投げかけられていた。

企業を支援することを生業にするコンサルタントである弊社が、このような問いに適切に答え得るかについて、疑問や懸念を持たれる方々は多いと思う。しかしながら、日々、将来に向けて持続的なビジネスモデルを構築するためにどうすればよいのかを考え、厳しい現実に向き合いながら奮闘されている方々と対峙するために、我々も同様の問題意識を持っていることを世に問う意味が少しはあるのではないかとの思いに駆られ、本書を執筆させていただいた。

簡単に本書の構成を紹介したい。

まず第1章では、人口減少・少子高齢化を背景とした社会構造の変化や銀行法改正などの規制緩和、デジタル化の進展などを受けた地域金融機関を取り巻く環境の変化を、外部環境と競争環境の観点から解説する。

次に第2章では、こうした環境の変化を受けて地域金融機関による非金融事業へ進出する流れが加速している状況を様々な事例をあげながら説明する。人材紹介やDXコンサルなどこれまでにはない分野への取組みや、地域商社の立上げなどの地方創生に繋がる事業の推進など、地域金融機関の「総合サービス化」の動きを今後の展望を交えて考察していく。

そして第3章では、こうした地域金融機関による「総合サービス化」の本質や真の狙いについて我々の考えを述べる。デジタル化の進展などを受けて、その地域に住む人々のニーズや、金融機関に求められる役割が変化するなかで、地域金融機関のあるべき姿、地域に対して担うべき役割といった視点で我々の考える地域金融機関の将来像を描いている。

地域創生の観点においても、リレーションシップバンキングを旗印とし、地域社会との深い関わりを積み上げてきた地域金融機関への期待は年々高まっている。地域社会の発展と命運をともにしている特別な存在だからこそ、本書で取り上げる「**総合サービス化**」**は今後のビジネスモデルの1つとして新たな可能性を世にみせることになる**と我々は信じている。そのような将来を日々忙しいなかで検討され、具体化に奔走されている方々にとって少しでもヒントになったと感じていただければ、我々として望外の喜びである。

2023年4月

著者一同

〈本書の留意事項〉

① 本書に記載されている内容は、執筆当時のものです。

② 本書に記載された見解や意見は筆者に帰属するものであり、アビームコンサルティングの正式見解を示すものではありません。

目次

第1章　地域金融機関は生き残れるか

第2章　事例にみる総合サービス化への挑戦

第3章 総合サービス化の本質

■本書で紹介する主な地域金融機関

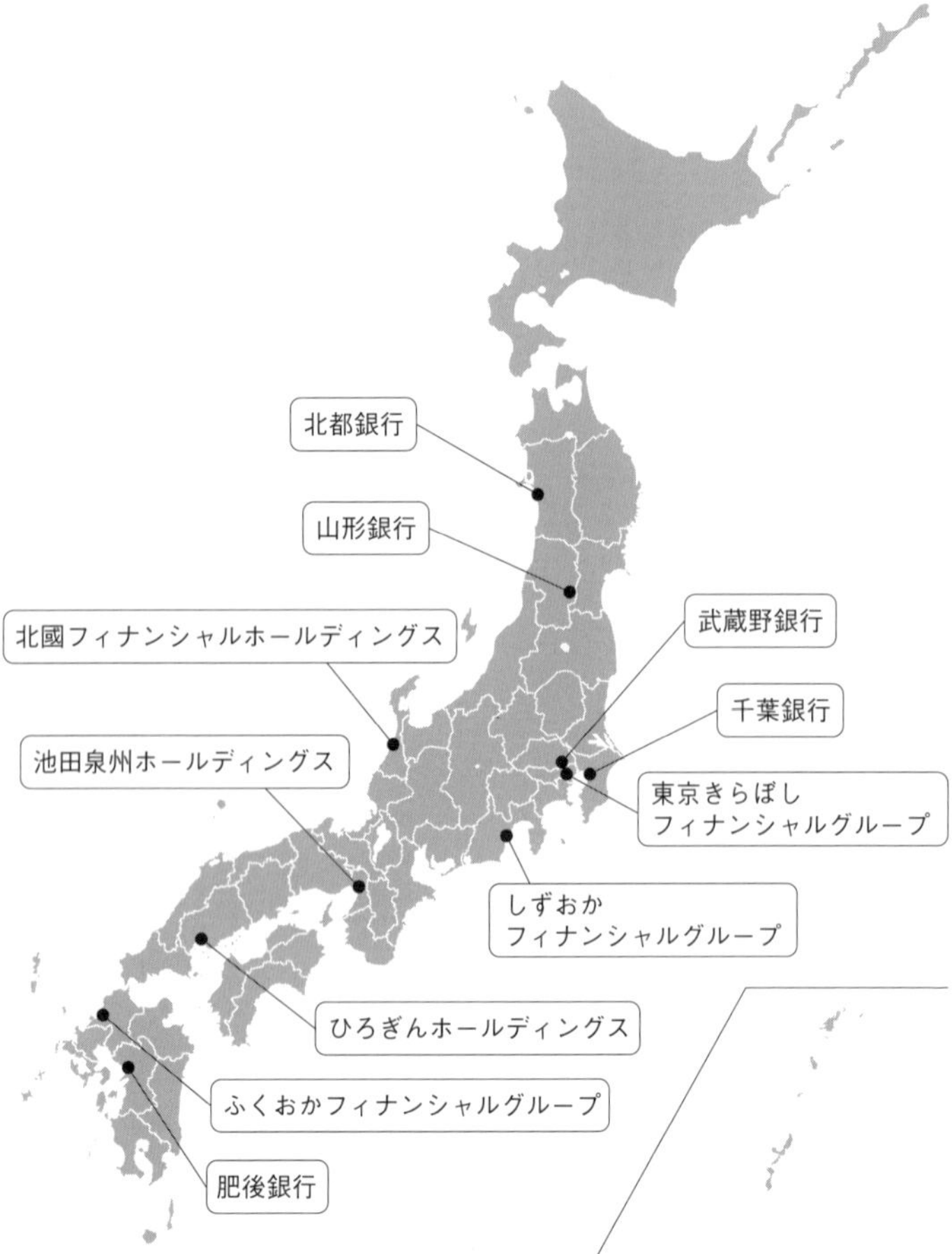

第 1 章

地域金融機関は生き残れるか

地域金融機関を取り巻く環境の変化

国内人口の減少や首都圏への人口集中とこれに伴う企業数減少により、特に地方に営業基盤を有する地域金融機関は将来的な顧客数減少の問題に直面している。また、当面、低金利政策が継続する見込みであることなどから、従来型ビジネスモデルの継続は困難になるといわれている。加えて、テクノロジーの進展を背景に異業種からの金融業参入が近年相次いでおり、非金融事業の顧客基盤や洗練されたUI／UX（注1）によるアプリなどを武器に、地域金融機関の顧客基盤を侵食し始めている。

一方、足許では地域金融機関と〝競争〟関係にある異業種参入組との関係が、BaaS（注2）やエンベデッドファイナンス（注3）などのスキームで〝共創〟に変わり、ビジネスパートナーとしての関係が構築されていくことも予想される。また、政策的にも2021年11月に改正銀行法が施行され他業禁止規制の緩和により非金融事業進出のハードルが下がっていることや、国・地方自治体による地方創生に関する各種支援策などによる機運の高まりなどにより、地域金融機関が新たなビジネスに進出する土台が整備されつつある。

このような状況を背景に、いま、全国各地の**地域金融機関が非金融事業への進出などの新たな**

図表１－１　地域金融機関を取り巻く環境の変化

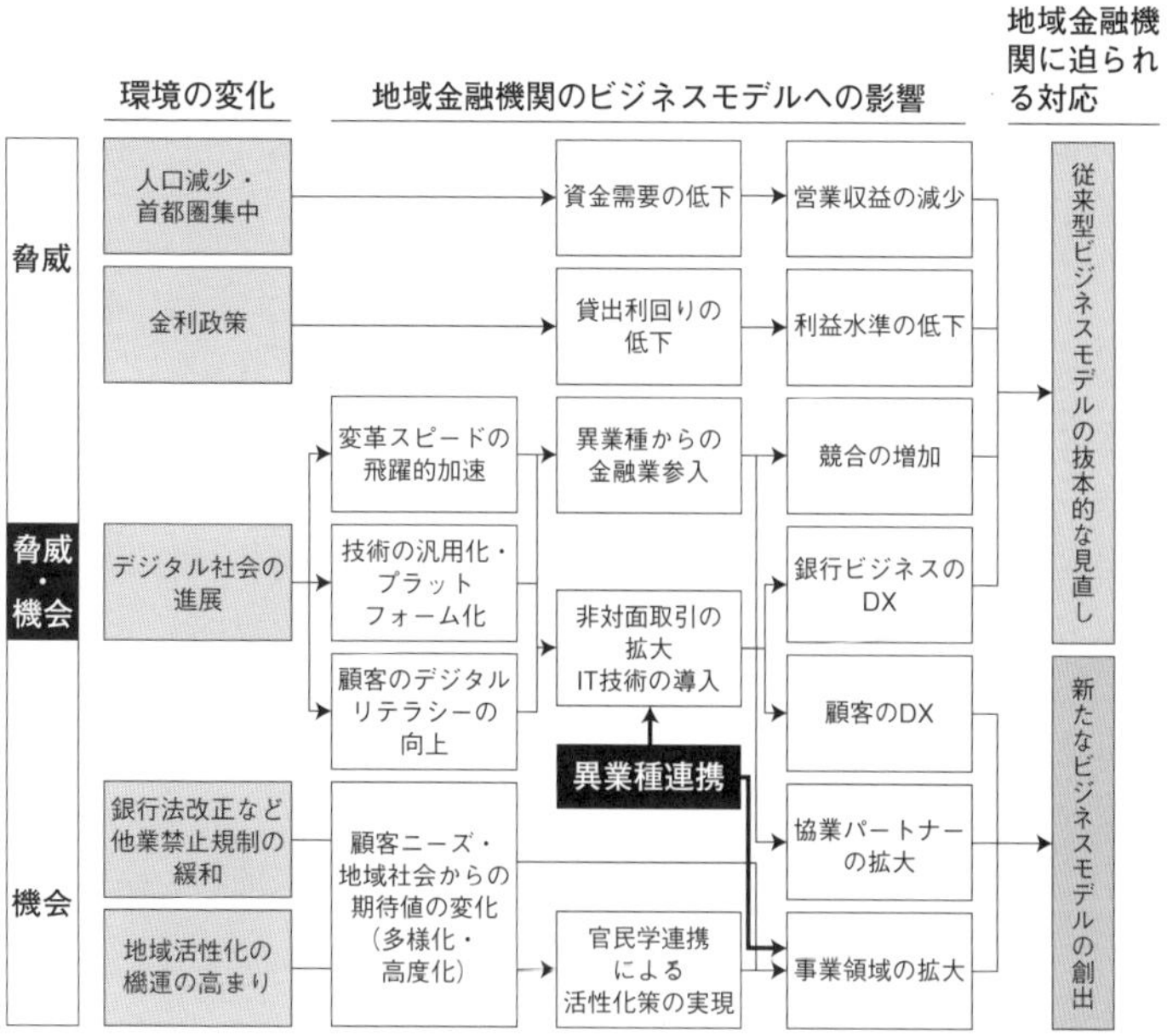

ビジネス創出を通じて、自社ビジネスの変革を推進している［図表1―1］。

多種多様な要因が折り重なるなかで年々激しくなっている地域金融機関を取り巻く環境の変化を、まず、〝外部環境〟と〝競争環境〟に分けて概観しよう。

激変する外部環境

1　地域が直面する人口減少

日本の総人口は２００８年の１億２８０８万人をピークとして、以降、減少が続いている。２０２２年現在の総人口は１億２４９５万人で、２００８年からの14年間で約３１３万人の減少となっている。この人口減少のトレンドは今後も継続し、２０１７年に公表された将来推計人口によると、２０５３年に１億人を下回り、**今後30年間で20％超の人口が減少する**と見込まれている［図表１－２］。

また、総人口の減少に伴って少子高齢化も急速に進行している。これにより働き手の割合も低下することが見込まれており、２０００年には70％を超えていた総人口に占める生産年齢人口（15～64歳）の割合は、２０６０年には50％程度まで低下すると予想されている［図表１－３］。このように、国内における経済規模の縮小や労働力不足が今後ますます深刻化することが我が国の大きな課題となっていることは周知の事実であろう。

産業面では、このような構造的な労働力不足を補うための取組みが大企業からスタートアップ

図表１－２　日本の人口推移の予想

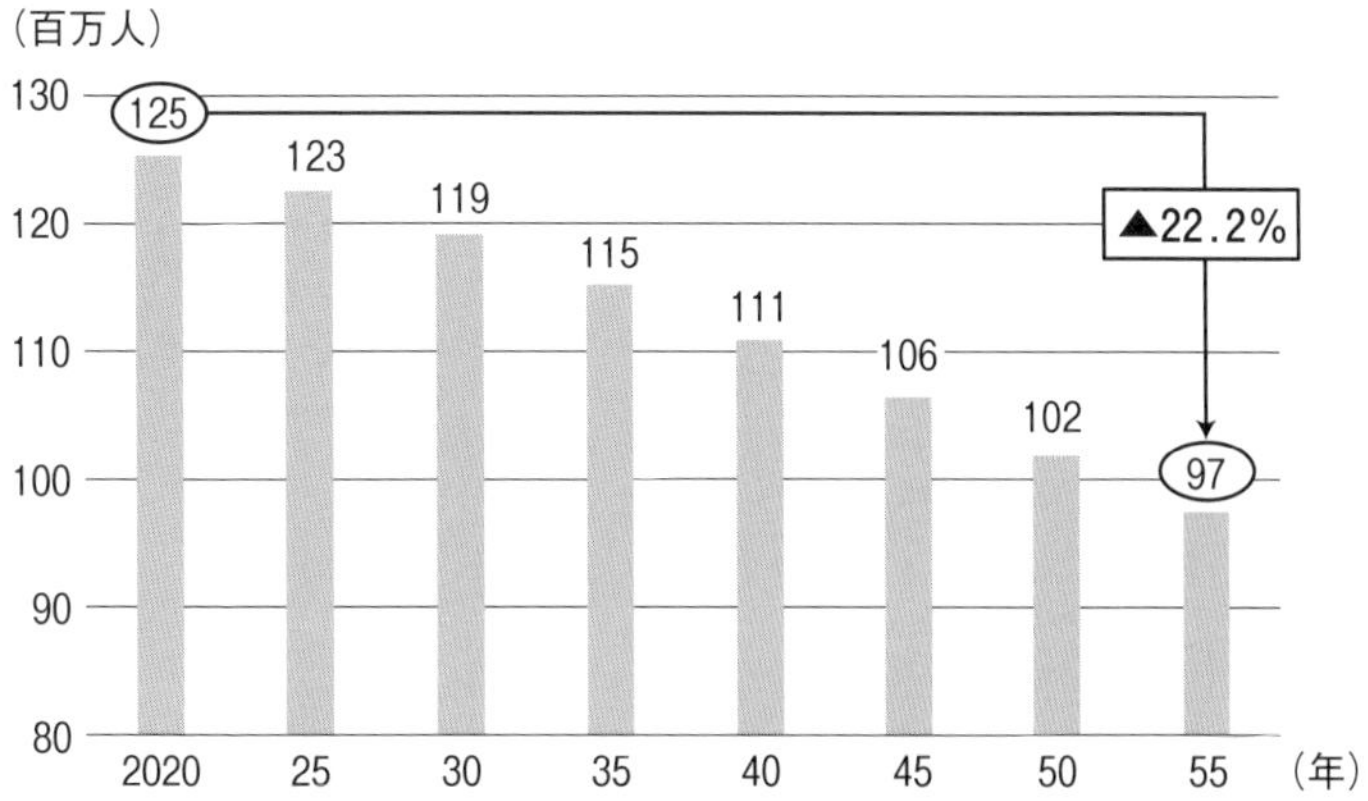

（出所）　国立社会保障・人口問題研究所公表資料をもとに当社作成

図表１－３　生産年齢人口の推移予想

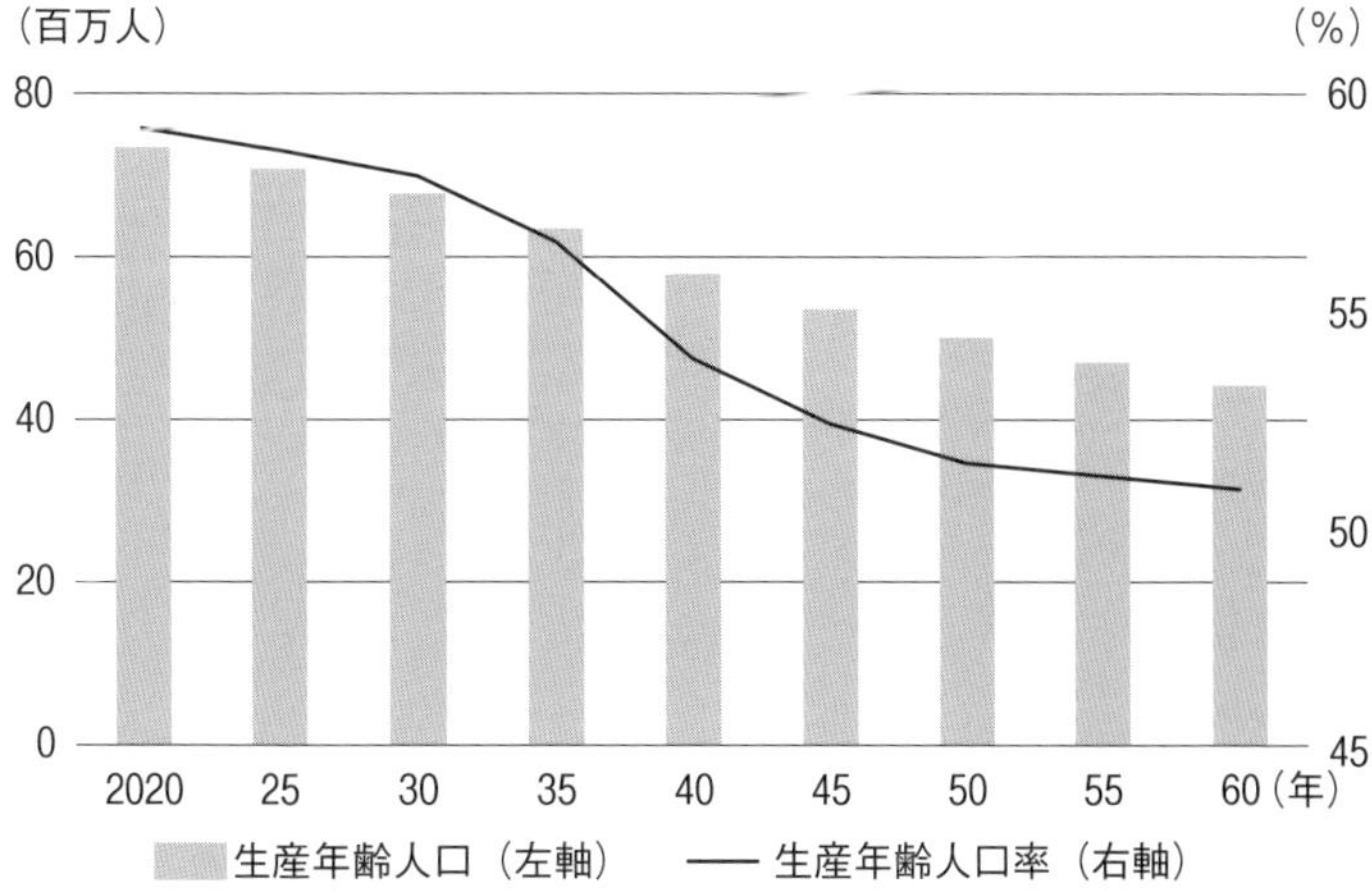

（出所）　国土交通省公表資料をもとに当社作成

まで様々なプレイヤーで行われている。

例えば、デジタル技術の活用による業務プロセス見直し・業務量の削減、ＡＩ・ＲＰＡ・ＯＣＲといったテクノロジーを活用した生産性の向上、ロボティクスによる業務代替や外国人労働者の受け入れ拡大といった代替労働力の確保、あるいは、生産拠点そのものを海外に移転するなど、国内労働力に依存しない仕組みへのシフト等の動きがみられる。特に、地方の企業城下町などは大企業の工場と下請けの地場中小企業が何層にも重なって成り立っており地域金融機関の融資先も多いことから、生産拠点の海外移転などによって**地場の産業が空洞化してしまえば**地域金融機関だけでなく地域社会全体にとって大きな問題となる。地場産業や技術の維持、地域金融機関にとっては取引先の事業継続のためにも、**新産業の育成が地域社会にとって急務となっている。**

一方、国内の企業数はどのように変化しているのだろうか。

様々な業界でスタートアップやベンチャーなど新たな企業が日々生まれ、有望な企業は国内外での注目や資金を集めているが、国内の企業数は人口と同様に減少傾向にある。国内の法人数は１９９９年に４８５万社あったが、リーマンショックなどの影響もあり２０１６年には３５９万社にまで減少した。その後、各種の経済指標をみると景気回復局面に入っているものの、**企業数の減少トレンドは続いており**、２０２１年時点では３３９万社となっている。背景には、人口減少や物価上昇による個人の消費需要マインドの低迷やデジタル化による競争激化などの環境変化、経営者の高齢化、後継者不足等による自主廃業の問題など、様々な要因が潜んでいる。

日本国内の物価上昇の動きに対して足許では賃上げの動きがみられるものの、一部の大企業にとどまり、地方経済にその恩恵がいきわたるかは不透明であり、地方も含めた日本全体での消費需要の盛り上がりが起きるかは懐疑的である。また、**後継者不足による廃業問題**は変わらず起きており、今後はデジタル活用によるバリューチェーンや業務プロセスの合理化などによるサプライヤーの取捨選択の動きやそれに伴う競争環境の激化も起こると考えられる。厳しい経営環境が継続されることも相まって、企業数の減少トレンドは今後も継続するものと予想される。

企業で働く従業員の数も同様に減少しており、企業数や従業員数の推移の観点からも**日本全体の労働力が減少し続けている**ことが示されている［図表1－4］。

次に、人口の流れに着目し、大都市圏、地方への人口移動のトレンドについてみていく。

2021年の東京都の人口は、1996年以来、26年ぶりに減少に転じた。コロナ禍の国民の移動抑制による転入者数の減少と、リモートワークや地方移住の機運を背景にした転出者数の増加の動きがみられたことに加え、死亡などによる自然減や外国人の国外転出が主な要因とみられている。東京から転出した人の転入先をみてみると、東京圏（神奈川県、埼玉県、千葉県）への移動が多く、東京で働き東京に住んでいた人が、通勤まで支障のない範囲に移住したものとみら

〈従業員数の推移〉

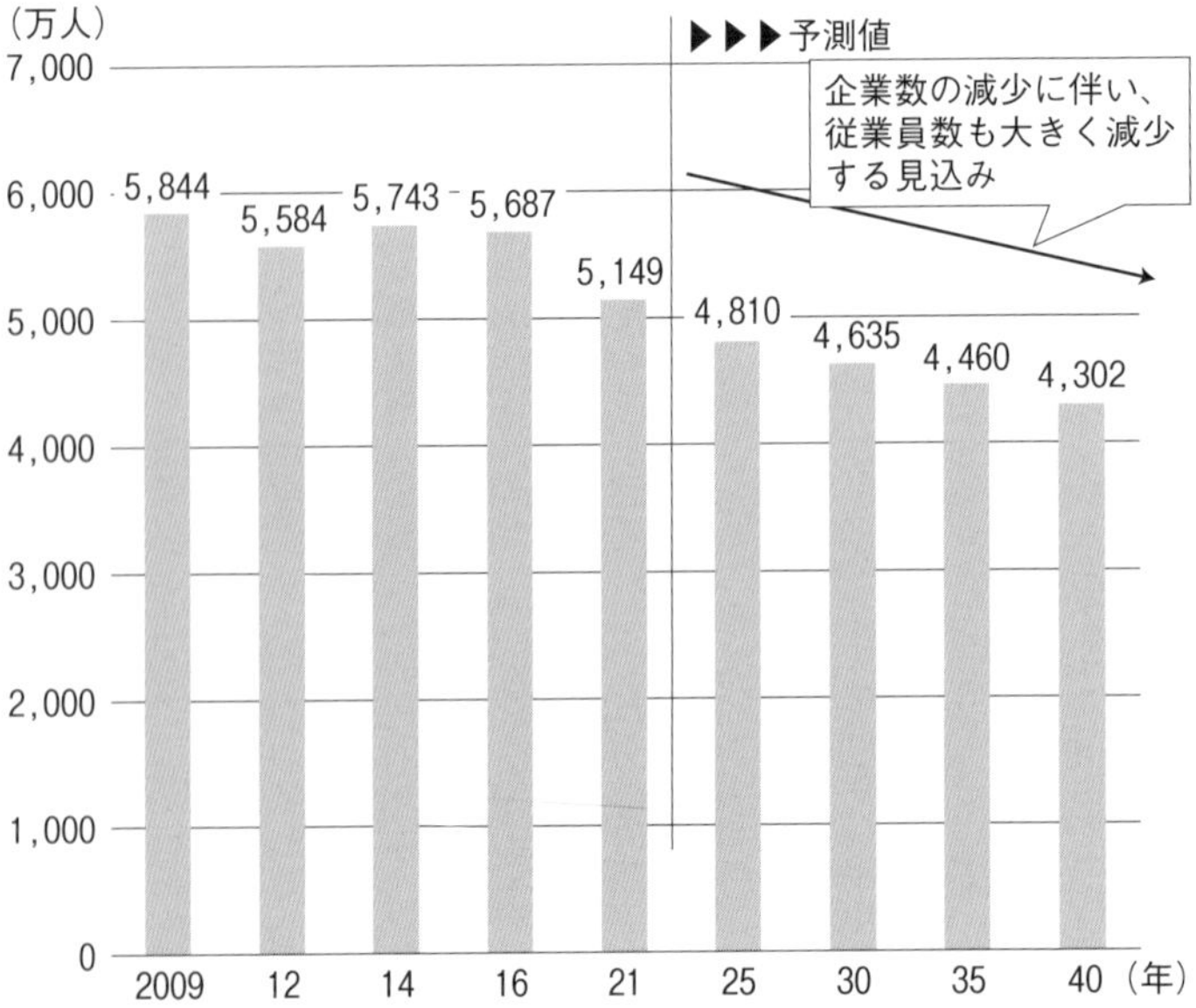

（出所）　経済産業省「経済センサス」、財務省財務総合政策研究所「フィナンシャル・レビュー（2017年６月）」をもとに当社作成

れ、高度経済成長～バブル期のドーナツ化現象（注4）に近い動きがみられた［図表1－5］。リモートワークなどの働き方改革の推進や国・地方自治体による地方への移住促進支援策などで地方回帰の機運は高まりつつあるものの、効果としては大都市圏とその近郊地域に限られ、当面は東京圏を中心とした**大都市圏と地方の二極化が進行する**ものと考えられる。

　ここまでみてきたように、大都市圏などの一部を

図表１－４　企業数・従業員数の推移

〈企業数の推移〉

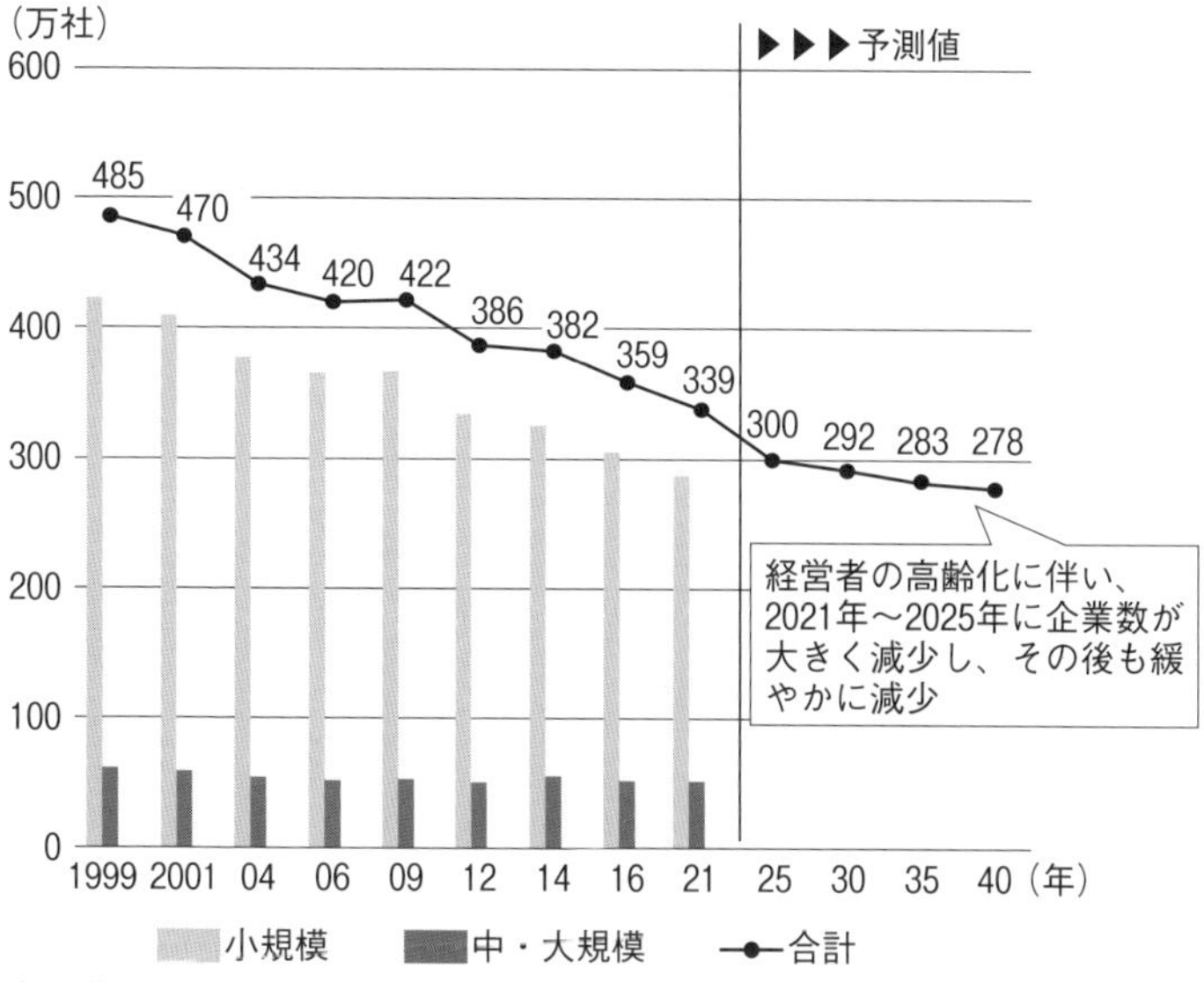

（出所）　中小企業庁「中小企業白書」、経済産業省「経済センサス」、財務省財務総合政策研究所「フィナンシャル・レビュー（2017年６月）」をもとに当社作成

除き、地域の人口や企業数、生産人口の減少により地域金融機関の法人・個人マーケットそのものが縮小し、特に従来のビジネスをそのまま展開しているような**融資先の資金ニーズの拡大はなかなか見込めない。**

地域のなかでも新産業が活発に生まれている地域、業績好調な大企業にけん引されている企業城下町などは様相が異なる場合もあるだろうが、全体としてみると地域人口減少・首都圏集中は地域金融機関にとって引

図表1－5　地域別人口割合の推移予想

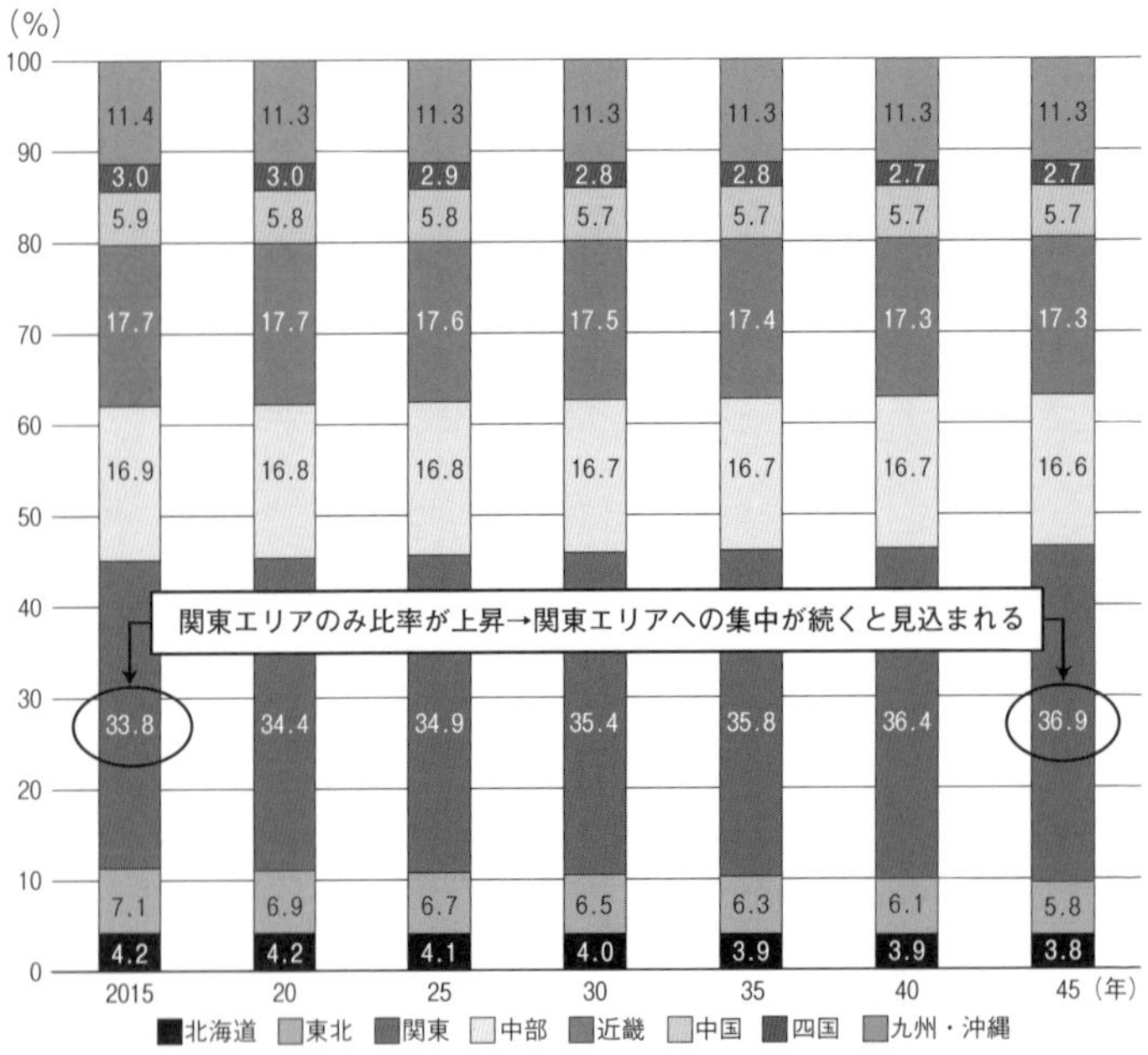

（出所）　国立社会保障・人口問題研究所「日本の地域別将来推計人口（平成30（2018）年推計）」を加工して当社作成

き続き大きな影響を与えており、**人口減少と地域経済の縮小を前提とした、持続可能なビジネスモデルへの変革を考えていく必要がある**だろう。

2　従来型ビジネスモデルの限界

金利や運用収益の観点からも、地域金融機関のビジネスモデルは大きな岐路に立たされている。

地域金融機関の収益獲得方法は、大別して次の2点がある。

① 預金と貸出金の金利差により収益を上げること。
② 株、債券を中心とした資金運用により収益を上げること。

ただし、①、②のいずれも収益環境が悪化しており、今後の見通しも不透明な状況である。

まず①については、2023年4月就任の日銀新総裁による政策修正観測が出ており、金利上昇が地域金融機関の収益にも好影響を与える期待感がある一方、経済への影響等を鑑みて大きな政策修正は想定し難いとの論調も引き続き強い。したがって預貸の金利差による収益の改善はなお先行き不透明の状態といえるだろう。

また②についても、海外の中央銀行による相次ぐ政策金利の引き上げや世界的な地政学リスクの高まりを受けた金融市場の不安定化を背景に、安定的に運用益を確保するのが困難な状況となっている。2023年3月末時点で、みずほフィナンシャルグループ、三菱UFJフィナンシャル・グループ、三井住友フィナンシャルグループの3メガバンクグループの外国債券に係る含み損が2・4兆円となっているほか、多くの地域金融機関においても資金運用に係る含み損を計上するなど、これまでのように緩和的な金融環境を背景とした株高によるメリットを享受して収益を確保し続けることは難しい。さらには外部の資産運用会社などに資金運用を委託する金融機関もみられるなど、金融機関ではあるものの、自社・自行のみにこだわらない運用体制に切り替える経営判断をしたであろうケースも顕在化してきている。

地域金融機関においては、店舗網や人材などの経営資源が限られることから取り得る選択肢が限られる。メガバンクのように国内事業の不調を海外事業でカバーするような戦略を採用することは難しく、**従来のビジネスモデルの〝維持〟だけでは縮小均衡の状況に陥る懸念がある**。このような背景があり、**持続可能なビジネスモデルへの早期の転換が必要**といえる。

また、従来のビジネスモデルを変革するドライバーでもある〝デジタル化〟の潮流に対して、積極的な打ち手をとることなく現状維持のスタンスのままでいると、単にデジタル化への対応が遅れるだけではなく、金融機関としての競争力自体を相対的に低下させてしまう懸念すらある。

昨今、国内外でデジタル関連の経済規模が拡大していることに加え、コロナ禍においては特に小売ビジネスで個人顧客の行動パターンがリアル（対面）からデジタル（非対面）へとダイナミックにシフトし、その潮流はアフターコロナにおいても基本的に継続することが見込まれる。非対面・非接触のサービスが日常となるなかで、5G（注5）などの新技術の普及もあり、デジタル化の流れは今後もより一層加速することが見込まれている。こうした動きは金融分野も例外ではなく、スマートフォンを用いたバーコード決済等のキャッシュレス決済や銀行アプリの普及などが進んでいる。このような**「デジタル化」の進展は、地域金融機関に対して、プラスとマイ**

ナスはありながら様々な影響を及ぼし始めている。ここでは、デジタル化のマイナス影響（脅威）について、主なものを2点あげる。

① 競争環境の激化による顧客基盤の揺らぎ

これまでは、為替や決済に係る取引は実質的に銀行の独占業務であったが、2020年に改正された資金決済法により非金融分野の企業からの参入障壁が低くなったことを受け、異業種やフィンテック業者が決済や送金などの分野に相次いで進出した。こうした企業が提供する金融サービスは、従来の金融機関が提供するサービスと比較して利便性（取引の簡便性や手軽さなど）が高く、特にデジタルネイティブな若年層を中心に受け入れられることで、結果的に既存の金融機関からの顧客流出に繋がってしまった。

② 店舗網等の固定費負担が重荷

デジタル化の進展を受けて業務の効率化が進んだことや銀行アプリなどで取引が完結できるようになったことにより、リアル店舗への来店顧客数は減少傾向にある。その結果、これまで顧客から求められていた「充実した店舗網」がかえって地域金融機関の重荷となってしまっている。地域金融機関は、いままでの固定費の負担に耐えられなくなってきているといえよう。

地域金融機関によっては、一部店舗でカフェやコインランドリーなどを併設することにより金融サービスプラスアルファの価値提供を企図するなどしている。また、店舗を複合ビルとして建て替え、店舗以外の部分をテナントやマンションとして貸し出すことで不動産としての収益獲得を図るなどの取組みも始まっている。ただ、現在は「店舗の固定費をいかにカバーするべきか」という近視眼的とみえる取組みが多くみられるが、社会の利便性を上げるデジタル化の進展は不可逆的なものである。少し大げさかもしれないが、地域金融機関においても、リアルとデジタルを融合させた適切な店舗のあり方を含め、未来の社会を見越した新たなチャネル戦略をつくりあげていく必要に迫られていくであろう。

変革を推進させ得るドライバーとしては、次の3つがあげられる。

①　銀行法改正
②　再編への後押し
③　デジタル化の進展

詳しくみていこう。

3　銀行法改正のインパクト

銀行・銀行持株会社、ならびに銀行持株会社の子会社（銀行兄弟会社）は、銀行法によって営むことができる業務の範囲が規制されており、それ以外の業務を営むことが禁止されている（銀行法12条、16条の2第1項、52条の23第1項および52条の23の2第1項・第2項）。これは、他業リスクの排除、利益相反取引の防止、優越的地位の濫用の防止などのためとされている。

他業リスクとは、銀行業以外の事業の業績悪化等のリスクによって、本業である銀行業務の経営基盤を脅かし、その結果預金者の安全を損ない得るリスクのことである。銀行業は他の産業に対して社会インフラとして金融サービスを提供している側面があり、万が一銀行が機能不全に陥ると他の産業や国民生活に与える影響が甚大であることから、他業への傾注によって銀行経営が揺らぐことを防止することが理由である。これは、他の業務を兼業するよりも、本来の決済機能や金融仲介機能を発揮できるように本業に専念し、その機能の充実に努める方が望ましいとの考え方に基づいている。

また、利益相反取引とは、銀行の利益と顧客の利益が相反することによって、顧客の利益が不当に害される取引のことである。優越的地位の濫用とは、銀行がその強力な立場を利用して、取引相手に対して不当に不利益を与えたり、サービス・商材等の購入を強要する行為などを指す。

地域金融機関が非金融事業など新たなビジネスを展開する場合、業務範囲の遵守はもとよりこれらの規制への十分な配慮が必要である。進出する事業の内容や規模によっては地域における既存産業・業者を圧迫してしまい、地域の持続的成長を目指して新たなサービスを展開したもの

図表1－6　業務範囲規制の緩和に係る法改正

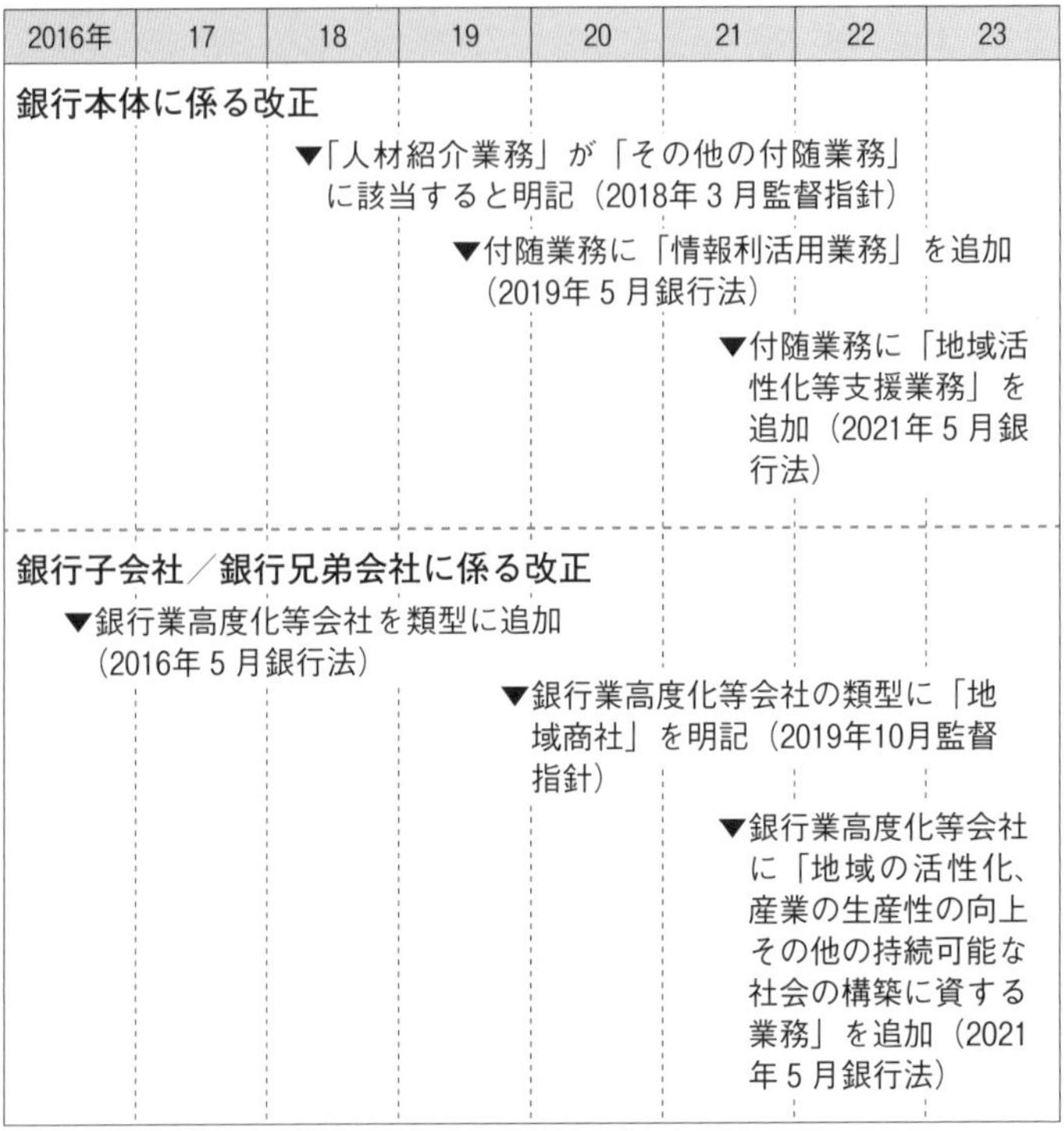
2016年
17
18
19
20
21
22
23
銀行本体に係る改正
▼「人材紹介業務」が「その他の付随業務」に該当すると明記（2018年3月監督指針）
▼付随業務に「情報利活用業務」を追加（2019年5月銀行法）
▼付随業務に「地域活性化等支援業務」を追加（2021年5月銀行法）
銀行子会社／銀行兄弟会社に係る改正
▼銀行業高度化等会社を類型に追加（2016年5月銀行法）
▼銀行業高度化等会社の類型に「地域商社」を明記（2019年10月監督指針）
▼銀行業高度化等会社に「地域の活性化、産業の生産性の向上その他の持続可能な社会の構築に資する業務」を追加（2021年5月銀行法）

の、結果的に地域の既存産業の維持・成長を阻害してしまう本末転倒な結果となりかねない。

　銀行等の業務範囲規制は、デジタル化の進展、地方創生の機運の高まりや政策的な各種支援、銀行の事業環境の変化を背景に、**近年、段階的な緩和が行われており、足許では非金融業への事業展開や、銀行業高度化等会社の制度により100%出資による子会社化も可能となっている**［図表

1－6]。

2016年の銀行法改正では、テクノロジーの活用による金融サービスの高度化・拡大を企図し、**主にフィンテック関連の企業を想定した「銀行業高度化等会社」**を銀行子会社・**銀行兄弟会社の類型に追加**した。この改正によって、一般事業会社への出資規制であるいわゆる5％ルール（銀行持株会社は15％）を超えて出資することが可能となった。

また、2018年の監督指針の改正では「**人材紹介業務**」が銀行本体のその他の付随業務に該当することが明記された。従来、人材紹介業務は銀行が直接的に手掛けることができなかったがこの改正を受けて可能となり、多くの地域金融機関が人材紹介事業に参入する動きがみられた。

そして2019年の銀行法改正では、銀行本体の付随業務に「**情報利活用業務**」が追加され、データ分析・利活用等に関する事業が解禁された。改正前も銀行業高度化等会社を利用すれば子会社方式での情報利活用業務は可能だったが、改正により、認可が必要な子会社方式と比べると低コストで参入が可能になったといえる。加えて、同年の監督指針の改正によって銀行子会社・銀行兄弟会社の「銀行業高度化等会社」の類型に「**地域商社**」が明記され、地方活性化の担い手の中核をなす存在として地域金融機関にさらなる期待が集まった。これによって、地域金融機関による地域商社への進出が加速し、足許では銀行業高度化等会社の制度を用いた**地域金融機関の100％出資による地域商社が、毎年数件ずつ設立されている**。

図表1－7　2021年の銀行法改正による業務範囲規制の緩和

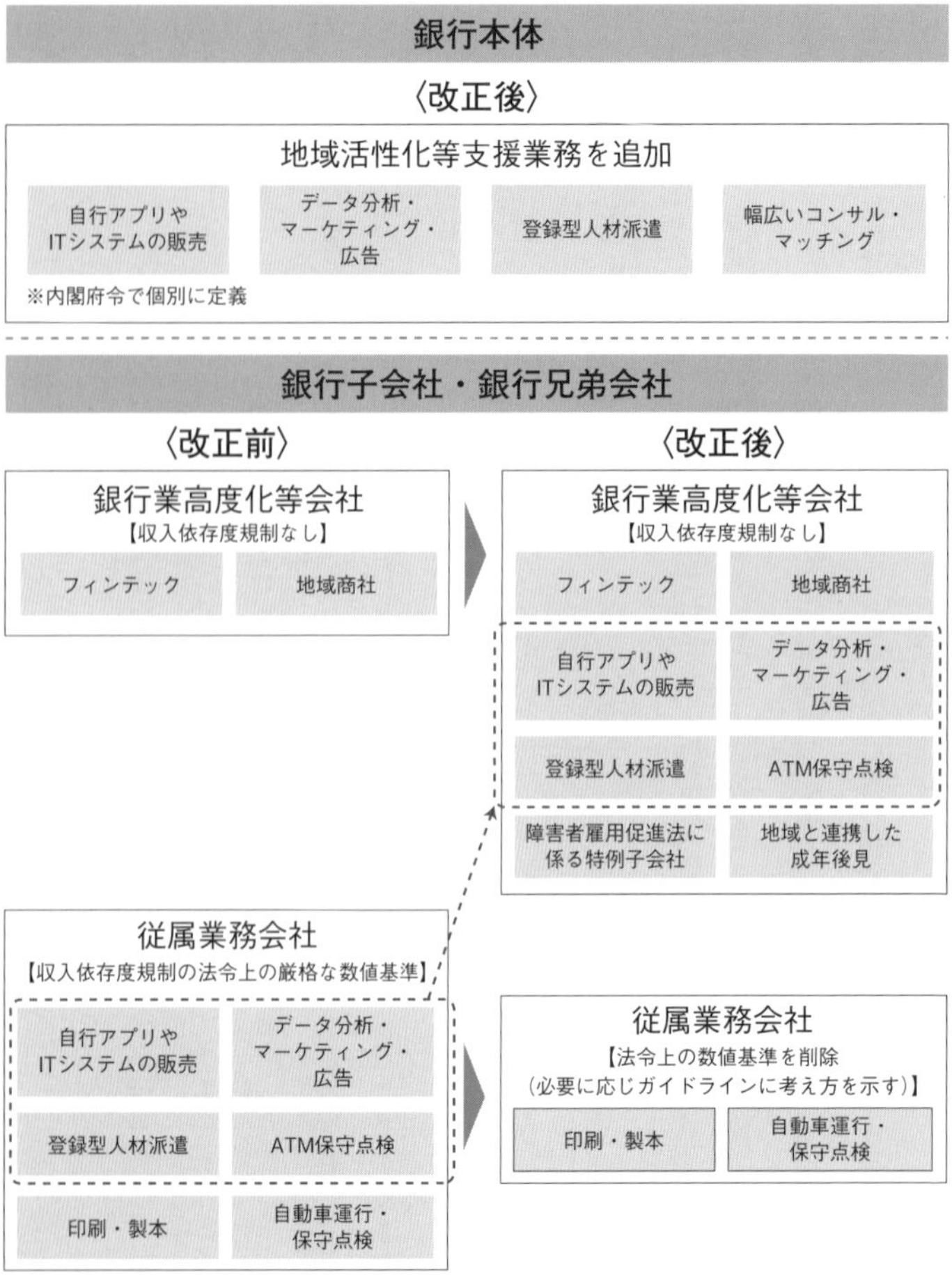

（出所）　金融庁資料をもとに当社作成

図表1－8　2021年の銀行法改正による出資規制に係る5つの変更点

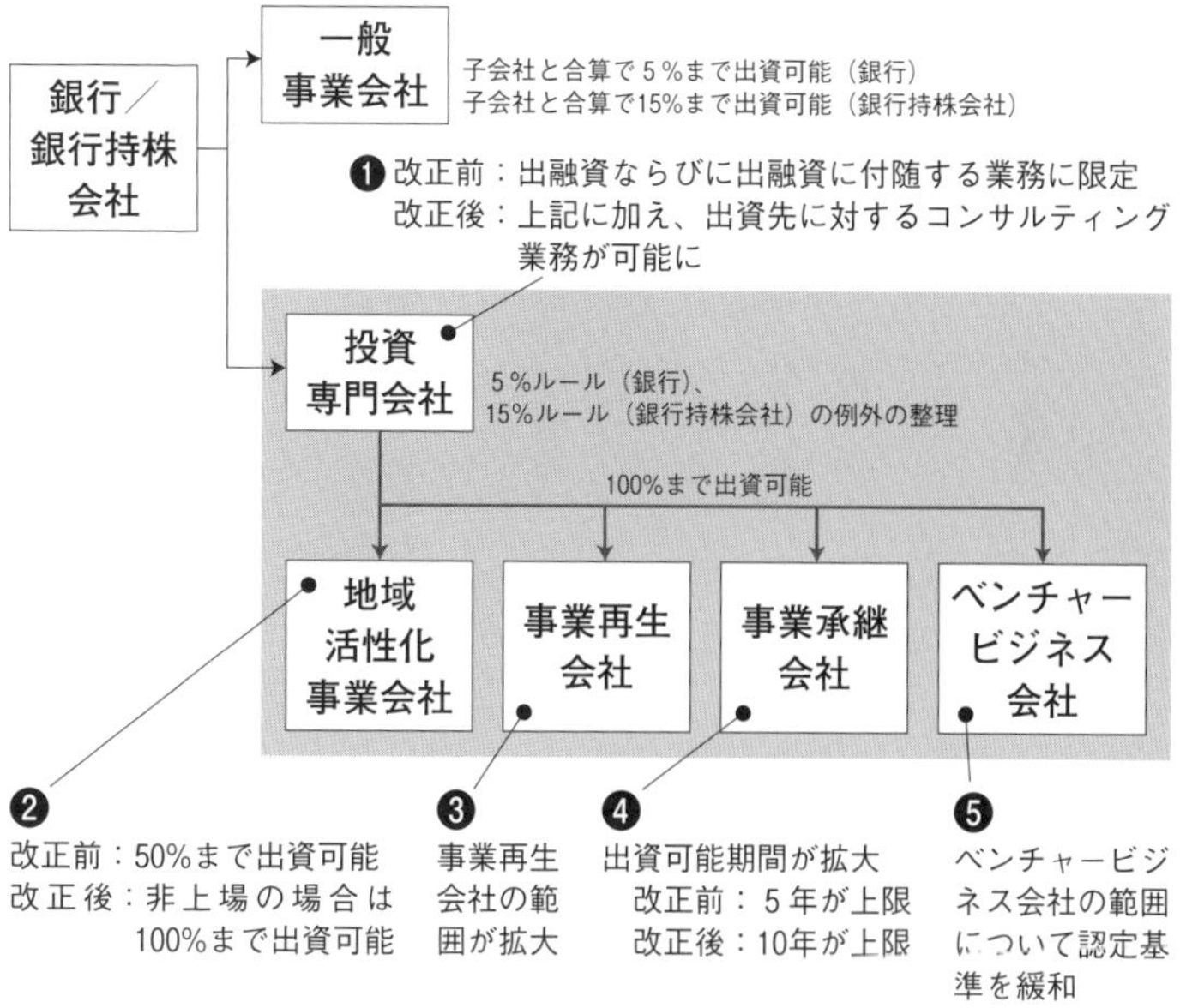

２０２１年の法改正ではさらなる規制緩和が実現。背景には、昨今の金融機関を巡る環境変化（前述の通り人口減少、少子高齢化といった構造的な問題のほか、コロナ禍の影響を大きく受けた中小企業への支援対応）があり、地域活性化を図る観点からの改正となった。主要な改正内容は、銀行本体業務の規制緩和、銀行子会社・銀行兄弟会社業務の規制緩和、出資規制の緩和の3点である。以下、順にみていきたい［図表1－7］。

1点目は、**銀行本体の付随業務に「地域活性化等支援業務」**が追加されたことである。これにより、既存の付随業務に「自行アプリやITシステムの販売」「データ分析・マーケティング・広告」「登録型人材派遣」「幅広いコンサル・マッチング」が類型として追加された。

2点目は、銀行子会社・銀行兄弟会社の「銀行業高度化等会社」の業務拡大がなされたことである。従来はフィンテックと地域商社が想定されていたが、本改正により「**自行アプリやITシステムの販売**」「**データ分析・マーケティング・広告**」「**登録型人材派遣**」「**ATM保守点検**」の**各業務や前記に付帯する業務などが可能**となった。また、銀行兄弟会社として「銀行業高度化等会社」を設立する際の手続きの簡素化が図られた。

3点目は、**出資規制の緩和**である［図表1－8］。具体的には、次の5点の変更が行われた。

①投資専門会社が、投資先に対してコンサルティング業務を実施できるようになった。
②地域活性化事業会社への出資が50%から非上場の場合は100%に拡大。
③事業再生会社の範囲が拡大。
④事業承継会社への出資可能期間が5年から10年に拡大。
⑤ベンチャービジネス会社の範囲について認定基準を緩和。

前述した内容以外にも、国際競争力強化の観点から外国子会社・外国兄弟会社の業務範囲が拡大された。従来は、買収後5年以内の売却が原則だったが、本改正によって買収後10年間、業務範囲規制にかかわらず銀行・銀行グループはこれらの会社を子会社として保有することが可能となった。

このように、近年の規制緩和を受けて、一定の制限はあるものの、地域金融機関は従来の金融サービスのみならず、非金融も含めた多様なサービスを提供することが可能となっている。これらの規制緩和により金融庁が地域金融機関に対して期待する役割は、従来型の金融機能の提供にとどまらず、ハンズオンでの経営支援や先導的人材のマッチングなどの人材仲介機能の発揮など、**地域企業の〝かかりつけ医〟としての役割がますます期待されるといえる。金融庁がそのための支援を行うことを明確にしている点も、地域金融機関が変革に向かう契機**となるだろう。具体的には、2022年6月に金融庁が発表した「金融仲介機能の発揮に向けたプログレスレポート」において、直近1年間の金融庁による取組みとして、地域金融機関による取引先へのデジタル化支援状況の把握や経営人材マッチング支援の促進に取り組んでいることが明記されている。

近年の銀行を巡る規制緩和の流れを受けて、銀行業界では**非金融事業への進出が加速**している。例えば、三井住友銀行では企業の温室効果ガス排出量を測定するシステムを開発し、2022年5月から法人顧客等に提供している。三菱UFJ銀行は2021年11月にシステム会社である株式会社BusinessTech（ビジネステック）を買収し、2022年7月には企業の在庫を

2022年10月	八十二銀行	再生可能エネルギー事業を手掛ける「八十二Link Nagano」設立
	群馬銀行（ぐんま地域共創パートナーズ）	広告業や印刷業を営む企業を買収、完全子会社化
2022年11月	筑邦銀行	九州電力、SBIホールディングスと共同設立した、プレミアム付電子商品券事業を手掛ける「まちのわ」が他業銀行業高度化等会社の認可取得
2023年２月	しずおかFG	ソフトウェア開発事業、人材派遣事業を手掛ける企業を買収、完全子会社化
2023年３月	栃木銀行	再生可能エネルギー事業を手掛ける「クリーンエナジー・ソリューションズ」設立
	ひろぎんHD（ひろぎんヒューマンリソース）	プログラミングスクール事業を営む企業を買収、完全子会社化。「ひろぎんナレッジスクエア」に改名
	群馬銀行	「ぐんぎんコンサルティング」が他業銀行業高度化等会社の認可取得。人材ソリューション事業、地域商社、マーケティング・広告事業に参入
2023年４月	第四北越FG	地域商社「ブリッジにいがた」子会社化
	ちゅうぎんFG（ちゅうぎんキャピタルパートナーズ）	再生可能エネルギー事業を手掛ける「ちゅうぎんエナジー」設立
	千葉銀行	再生可能エネルギー事業を手掛ける「ひまわりグリーンエナジー」設立
2023年５月	七十七銀行	ITコンサルティング会社「七十七デジタルソリューションズ」設立
	千葉銀行	広告・マーケティング関連事業を営む企業を関連会社化

図表1－9　銀行業務以外を行う子会社の主な設立事例等（2022年4月以降）

時期	金融機関名	取組み概要
2022年4月	十六FG	観光業の支援などで地域経済の活性化を目指す子会社「カンダまちおこし」設立
	中国銀行	投資専門子会社である「ちゅうぎんキャピタルパートナーズ」設立
	肥後銀行	資産運用子会社「九州みらいインベストメンツ」設立
2022年5月	中国銀行	人材コンサルティング事業を行う「ちゅうぎんヒューマンイノベーションズ」設立
2022年6月	武蔵野銀行	地域商社「むさしの未来パートナーズ」設立
	八十二銀行	人材派遣業務等を営む「八十二スタッフサービス」が他業銀行業高度化等会社の認可取得
2022年7月	三菱UFJ銀行	企業の在庫を買い取る「MUFGトレーディング」設立
	りそな銀行	農業教育など地方創生に関する事業を手掛ける子会社「ロコドア」設立
	山陰合同銀行	再生可能エネルギー事業を手掛ける子会社「ごうぎんエナジー」設立
	東京きらぼしFG	広告代理店の買収、完全子会社化
	常陽銀行	再生可能エネルギー事業を手掛ける「常陽グリーンエナジー」設立
2022年8月	足利銀行	地域商社「コレトチ」設立
	七十七銀行	人材関連事業を手掛ける子会社「七十七ヒューマンデザイン」設立
	群馬銀行（ぐんま地域共創パートナーズ）	地域の事業者とともに、再生可能エネルギー事業を手掛ける「かんとうYAWARAGIエネルギー」設立

買い取るMUFGトレーディング株式会社を設立している。地域金融機関では、例えば2021年7月に紀陽銀行のシステム子会社が取引先向けシステム開発・構築などを始めると発表。2022年4月には、十六フィナンシャルグループが観光業の支援などを目的として子会社「カンダまちおこし」を設立するとともに、肥後銀行が資産運用子会社「九州みらいインベストメンツ」を設立した（業務開始は2022年7月）。同年7月には、山陰合同銀行が再生可能エネルギー事業を手掛ける子会社「ごうぎんエナジー」を設立するなど、近年、地域企業の〝かかりつけ医〟を目指して多様な事業展開が実現されつつある［図表1－9］。

ここまで銀行による非金融事業参入の後押しとなる銀行法の改正をみてきたが、非金融業から金融業への参入を後押しする潮流もある。それは、2021年の金融商品販売法改正（改正により、金融商品販売法は「金融サービスの提供に関する法律」（金融サービス提供法）に改称された）によって創設された「金融サービス仲介業」である。

「金融サービス仲介業」は利用者が銀行・証券・保険など様々な金融サービスのなかから自身に適したサービスを選択しやすくすることを企図して新設されたものである［図表1－10］。従来、各種の金融サービスの仲介は銀行法・金融商品取引法・保険業法など各分野の規制法があり、仲介を行うには各分野の許認可などを個別に取得する必要があったが、この改正により、「金融サービス仲介業」の登録を受けることで、銀行・証券・保険すべての分野に係るサービス

図表１－10　金融サービス仲介業の概要

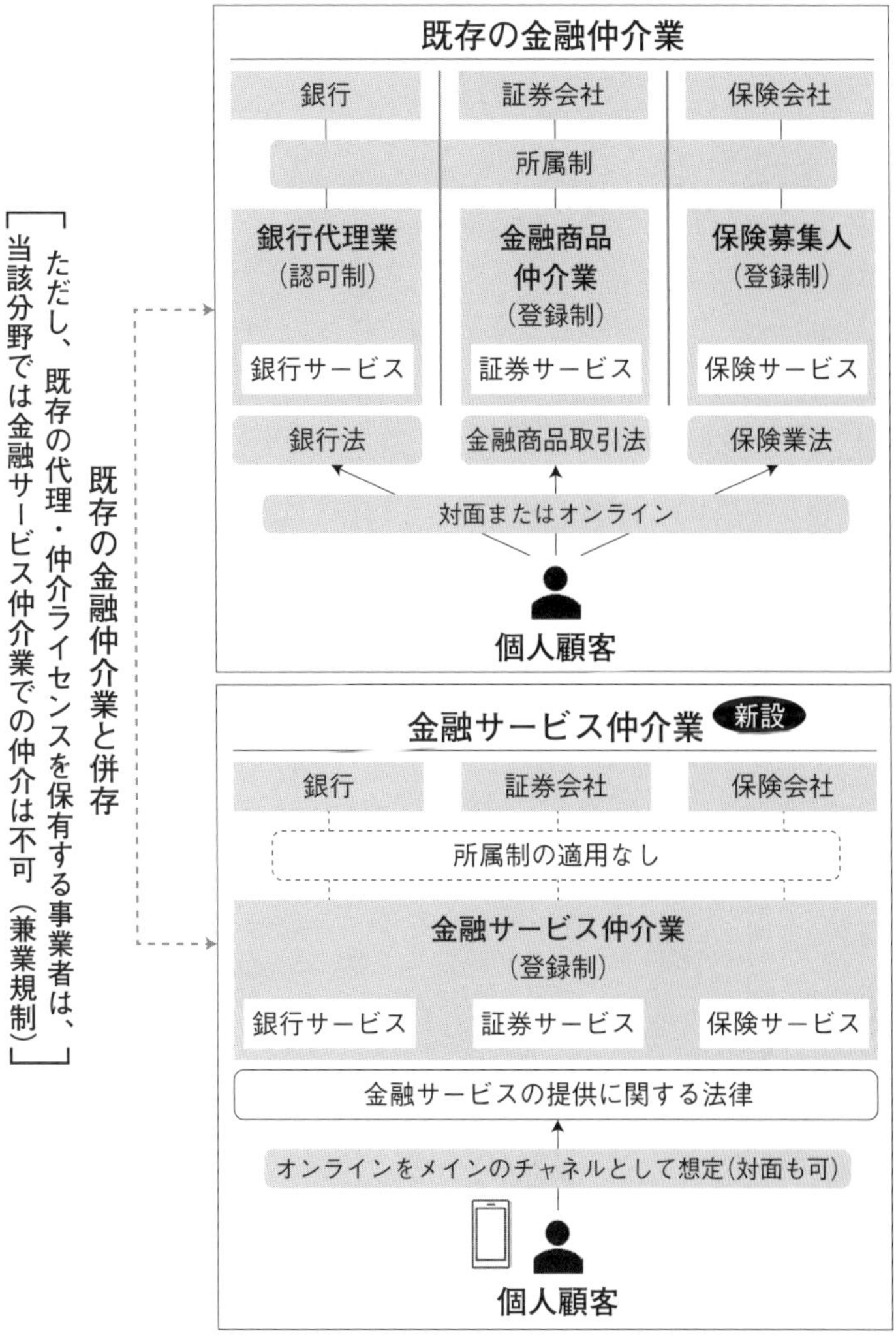

の仲介を行うことが可能となった。複雑な商品設計でないものや、仲介にあたって高度な商品説明が不要なもの等取り扱えるサービスに制約があることから登録数は伸びていない。2023年4月17日時点で金融サービス仲介業への登録数は6社（注6）にとどまっており、制度施行前の関係各所における議論の見通しなどからすると低調な状況といわざるを得ない。ただ、規制緩和の趣旨からすれば、中長期的にはさらなる緩和がなされ異業種からの金融サービス参入を促すドライバーとなり得るだろう。これによって銀行の窓口業務などの縮小にも影響があるものと考えられる一方で、地域金融機関にとっては、例えば地域内における小売業者やインフラ企業などの異業種との連携により、顧客獲得に向けた接点の拡大に寄与することが期待される。具体的には、地域の小売企業が金融サービス仲介業の登録を行い、地域金融機関の仲介として小売店舗やECサイトなどで口座開設の受付やFP相談など、金融サービスを組み込んでいくような連携方法が考えられる。

4　再編を後押しする法改正と〝単独〟持株会社の出現

昨今、地域金融機関の経営統合・合併は相次いでおり、各地の地域金融機関が再編の道を歩んでいる。地域金融機関の再編の起点となったのは、2014年1月の金融庁の畑中龍太郎長官（当時）による「経営統合も重要な選択肢」との言及といわれている。また、2020年9月の菅義偉官房長官（当時）の「地方銀行について〝数が多すぎる〟」との発言にもあるように、地域金融機関の再編の動きは当局の政策・誘導によるところも大きい。一方で、銀行の従来型の預貸ビジネスモデル自体が規模拡大と親和性があり、厳しい事業環境下においては再編により重複業務を削減し事業モデルの効率化を実現することで競争力を確保しつつ、生き残りを図る選択肢は企業経営の観点からも一定の合理性があるといえる。

再編スキームは大きく〝合併〟と〝持株会社化〟の2つがあり、それぞれ特徴が異なる。

① 合 併

合併の場合、複数の金融機関が統合されることから、装置産業の要といえる銀行システム統合を代表例に、店舗やバックオフィス部門の統廃合なども含めたコスト削減効果が一定以上見込め、いわゆる規模の経済が働くことになる。ただし、銀行名の変更やそれに伴うブランド価値の再定義によるデメリットをはじめ、銀行内のシステムを含む業務・事務の統合、融資スタンスの統合、行内文化の統合などにおいてＰＭＩ（統合プロセス）（注7）がうまくいかないケースもあり、簡単な取組みではない。同一地域内の合併の場合に独禁法への抵触が問題になったケース（注8）もあったが、独禁法を適用しない特例法が2020年に成立し、合併スキーム活用の柔軟性が高まっている。このため、今後、同一の地域内での地域金融機関同士の合併事例が続く可能性はあるが、それでも、銀行合併が簡単なものではない事実は変わらず、その経営判断は慎重

	十六FG＊	十六銀行
	おきなわFG＊	沖縄銀行
2022	プロクレアHD	青森銀行、みちのく銀行
	しずおかFG＊	静岡銀行
	あいちFG	愛知銀行、中京銀行
	ちゅうぎんFG＊	中国銀行
	いよぎんHD＊	伊予銀行
2023（予定）	京都FG＊	京都銀行

＊単独行による持株会社化の事例
（注） FG：フィナンシャルグループ、HD：ホールディングス

に行われるものであろう。

② 持株会社化

持株会社を設立してその傘下に地域金融機関を配置する場合、それぞれの企業名やブランド、システム等を継続利用することができ、一定のコスト削減効果も享受できるため、再編の進めやすさは合併に比べ容易といえる。他方、合併まで踏み込まない統合であるが故に、統合によるコスト面でのシナジー効果は限定的であることが多い。ただ昨今は、複数の子銀行形態を残したままシナジー効果を追求することを様々な形で実現しつつあるグループもあり、一概にどちらが優れていると断じることはできない。

なお話がわき道にそれるが、地域金融機関においては、再編目的ではない、「総合サービス化」を主な目的とした持株会社化が実現し始めていることに触れておきたい。具体的には2022年10月時点で**地域金融機関7**

図表１－11　地域金融機関の再編等の動向

〈合併〉

合併年	合併後の銀行名	合併前の銀行名
2018	きらぼし銀行	東京都民銀行、八千代銀行、新銀行東京
2019	関西みらい銀行	関西アーバン銀行、近畿大阪銀行
2020	徳島大正銀行	徳島銀行、大正銀行
	十八親和銀行	十八銀行、親和銀行
2021	第四北越銀行	第四銀行、北越銀行
	三十三銀行	三重銀行、第三銀行

（注）2021年：福井銀行が福邦銀行を子会社化
2023年：横浜銀行が神奈川銀行を子会社化
八十二銀行が長野銀行を子会社化
ふくおかFGが福岡中央銀行を子会社化（予定）
2025年：青森銀行とみちのく銀行が合併し、青森みちのく銀行が誕生（予定）
愛知銀行と中京銀行が合併し、あいち銀行が誕生（予定）
2025年度：八十二銀行と長野銀行が合併（予定）

〈持株会社化〉

発足年	持株会社名	持株会社を構成する銀行名
2016	コンコルディアFG	横浜銀行、東日本銀行
	めぶきFG	常陽銀行、足利銀行
	西日本フィナンシャルHD	西日本シティ銀行、長崎銀行
2018	関西みらいFG	関西アーバン銀行、近畿大阪銀行、みなと銀行
	三十三FG	三重銀行、第三銀行
	第四北越FG	第四銀行、北越銀行
2020	ひろぎんHD＊	広島銀行
2021	北國フィナンシャルHD＊	北國銀行

行（広島銀行、北國銀行、十六銀行、沖縄銀行、静岡銀行、中国銀行、伊予銀行）が総合サービス化**を目的としていると思われる持株会社化を実施**し〔図表1－11〕、京都銀行が2023年10月を目指して持株会社化へ移行すると発表している。これらの事例は1行単独の株式移転による〝単独〟持株会社の形態であり、将来的な選択肢は別にして、当面は再編を目的とした持株会社化とは趣旨目的が異なると思われ、**経営統合のための持株会社化とは区分してみる必要がある**。少なくとも、〝単独〟持株会社スキームは、持株会社の傘下、あるいは傘下銀行の傘下に非金融サービスを提供する機能子会社を配置し、当面は再編ではなく、金融・非金融をミックスした総合サービスを提供することで地域や自社の持続的成長を目指すことを目的にしていると思われる。

近年、政策の後押しや経営環境の悪化などに伴って地域金融機関の再編は進んできたが、今後も当面はこの動きは継続していくものと考えられる。一番大きな理由は、次にあげる統合に向けた政策の後押しの2つが期間限定であることであろう。

1つ目は、2020年の独禁法特例法により、地域金融機関やその親会社の合併等に対して、地域人口の減少、利用者減少により将来的にサービス維持が困難と判断される場合に限定して独禁法の適用を除外することが定められ、同一地域の地域金融機関同士の合併に関する柔軟性が向上した。ちなみに、こちらは10年間の時限措置である。

2つ目の2021年の金融機能強化法の改正は、銀行等が合併・経営統合など事業の抜本的な見直しを行う際に助成金を交付するものである。具体的には、ＩＴシステム関連費用などの見直しに要する費用の一部が対象となり、費用全体の３分の１（金額ベースでは30億円）が上限となる。総予算は３５０億円（預金保険機構の利益剰余金）で、申請期限は２０２６年３月である。

このように再編を後押しする政策がドライバーとなることで、コスト削減や効率化を目的とした再編の流れは今後も継続することが予想される。加えて今後は、他の変革ドライバーとも相まって、再編と同時に非金融事業への進出やデジタルを活用した新規事業の創出などのビジネスモデル変革の方向も志向して再編を進める地域金融機関があらわれることも予想される。

5　デジタル化の波

銀行サービスに対するテクノロジーの導入・活用の流れを「これまで」と「いま」の順にみていくと、「これまで」は１９９０年代初頭のバブル崩壊以降の業界内最適化の文脈におけるシステム共同化、２０００年前後のインターネット登場への対応やネット銀行の相次ぐ設立。その後の２０００年代中盤のスマートフォンやタブレット端末の登場により、対面でのサービス・業務からデバイスを通じた非対面サービス・業務への移行やペーパーレス化の潮流が起こった［図表1－12］。

多くの地域金融機関もこの流れに乗り、デジタル化の取組みを加速させた。その結果、業務の

図表1－12　地域金融機関に係るテクノロジートレンドの変遷

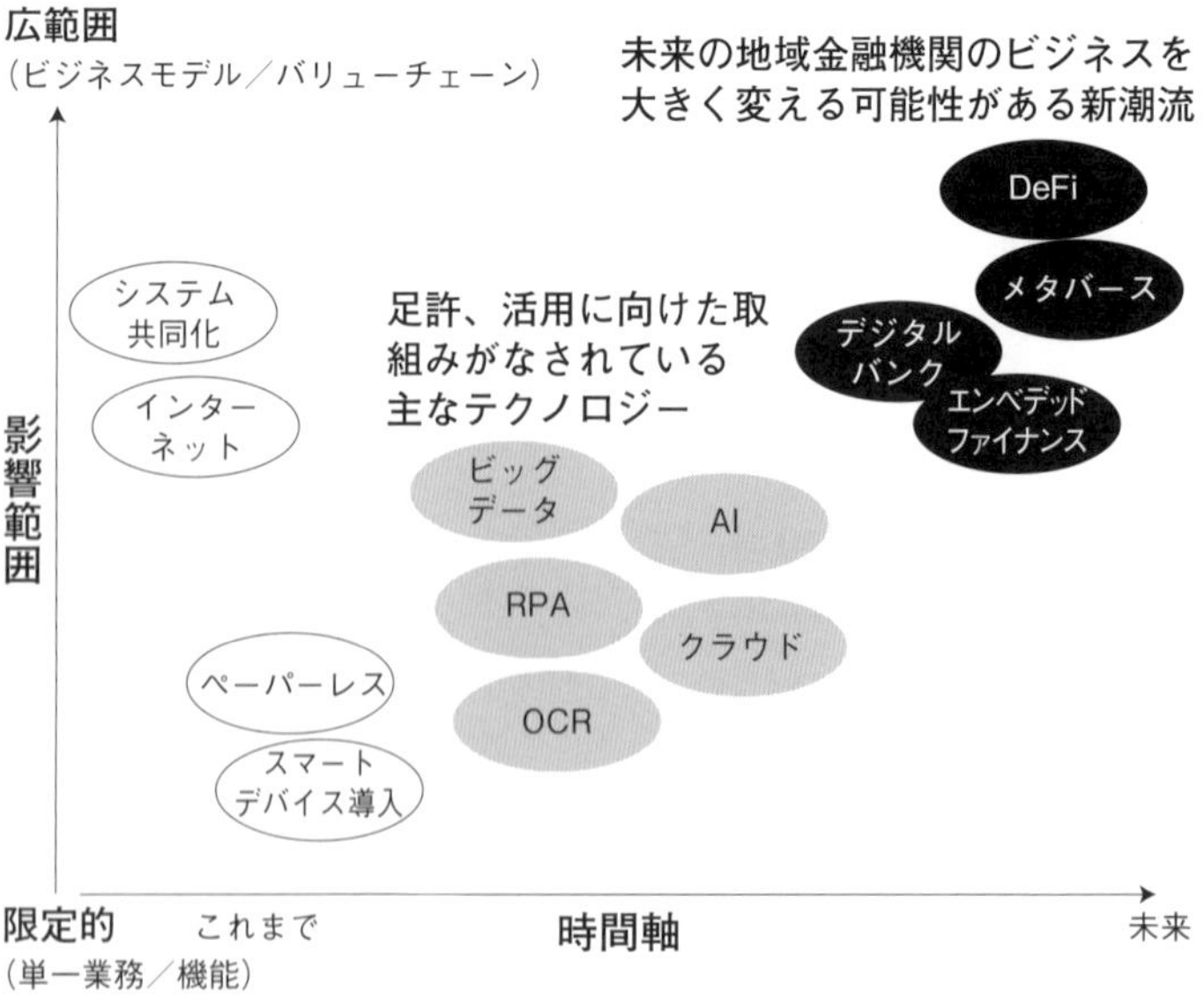

生産性向上・効率化が進み顧客の利便性も高まった反面、システム共同化やシステム企画・構築のＩＴ子会社への外出しにより、結果的に「いま」デジタル化を推進するときに求められるＩＴスキルの流出を惹起することとなった。

「いま」は、金融機関の規模感やカテゴリー（メガバンク／地域金融機関／ネット銀行やデジタルバンク等の新たな形態の銀行（注9））により差はあるものの、一定の金融機関が経営戦略と連動したＤＸ戦略を掲げ、「成長戦略分野・既存分野の強化」「生産性向上」のためにＡＩ、ビッグデータ、クラウドなどのテクノロジーを活用した施策に積極的に取り組んでいる。

なお、金融機関におけるDXの取組みとしては、2019年頃までは主にコスト面の改善に向けたRPA・OCRを活用したBPR等、事務効率化の観点の取組みが多かったが、足許では、メガバンクや地域一番手行などを中心に経営戦略の実現に資する「業務プロセス全体の改革」や「顧客接点を含むバリューチェーン全体の変革」といった広範な取組みが進んでいる。さらにDXを推進するための組織・人材といった体制面も整備されてきており、金融機関における「DX」の重要度は大きく変化している。

ただ、地域金融機関の「いま」の状況にフォーカスしてみると、ふくおかフィナンシャルグループや伊予銀行など積極的に先進技術を取り入れて自行および取引先のデジタル化を進めている先進事例もあるが、まだまだ自行内業務のペーパーレス化やインターネットバンキングなどデジタル技術の一部活用にとどまっている地域金融機関も少なくない状況にある。これは、前述の通り過去の共同化、合理化によるITコア人材やナレッジが地域金融機関側に蓄積できていなかったことも要因としてあると思われる。

デジタルテクノロジーは、〝適用範囲の拡大〟と〝活用の高度化〟により金融業を進化させてきたが、特にこの数年の間に登場したエンベデッドファイナンスやDeFiなどの新しいコンセプトをみるに、テクノロジーの活用は経営戦略としての大きなウェイトを占めているのみならず、**テクノロジーの進展を前提とした経営戦略でないと、時代の流れに取り残されかねない**といっても過言ではないほどに存在感を増している。加えて、昨今「ウェブ３・０（注10）」というワードが注目されているように、経済、社会のあらゆる側面に変化が生じてデジタルシフトが進み、進化したデジタル技術を踏まえた金融規制のあり方の再考がなされるとともに、金融機能の果たす役割も今後変容していくものと考えられる。このように従来とは異なる世界観が急速に広がっていることには留意が必要であろう。

前述の背景を踏まえて、技術的には発展途上の段階であったり、ビジネスへの適用方法が手探りの状況にあったりするものを含め、地域金融機関のビジネスを大きく変えるポテンシャルを秘め、「いま」と「未来」を繋ぐバイパス役となる可能性がある新潮流として「デジタルバンク」「エンベデッドファイナンス」「ＤｅＦｉ」「メタバース（注11）」を紹介したい。

これらの新しいコンセプトに向かい合い、「未来」に向かって他社に先駆けて取り組むことによって、より早く新たなビジネスモデルの扉を開ける可能性がある。ただし、地域金融機関が取組みを進めるにあたっては、検討のコアとなるＩＴ人材の育成や、ＣＴＯ（最高技術責任者）・推進組織の設置など、経営トップによるデジタル推進の強いコミットメント、外部企業との連携などの土台を固めることが求められている。

① デジタルバンク

デジタルバンクとは、デジタルを起点に金融サービスをゼロから設計し、新たな金融サービスや顧客体験を提供する発想で作られたオンライン専門の銀行である。実店舗を保有せず、スマホアプリのみで24時間365日、預金や送金などの金融サービスが利用できる。口座開設から利用まで非対面でサービスが完結できることから拡張性が高く、非金融業との親和性も高いことが特徴である。

今後、デジタルバンクが非金融業へ参入、あるいは非金融業がデジタルバンクの提供するBaaSサービスを活用して金融業へ参入することにより、金融サービスと非金融サービスの融合がより一層進展する将来シナリオが想定される。この場合、**デジタルバンクが提供するアプリは日常のあらゆる場面で活用できるプラットフォームになり得る。銀行サービス専用のアプリとしての位置付けから、スーパーアプリ（注12）としての位置付けに進化していく可能性が高いのではないか。**

なお、「インターネットバンキング（既存銀行のインターネットバンキングサービスや既存のネット銀行など）」と「デジタルバンク」との違いは、前者は従来の銀行がインターネットに対応することによる従来サービスのデジタル化であるが、後者はデジタル技術の活用による金融サービスの提供を基本概念とし、より顧客志向のUI／UXの実現や非対面・ペーパーレスを原則とす

図表1－13　主要なデジタルバンクの発足時期

〈みんなの銀行の特徴〉

デジタルネイティブ世代	・既存の銀行では注目度が低かったY世代・Z世代を対象
UI/UXデザイン	・SNSで別アカウントを設ける要領で別の口座作成 ・タイムライン形式で履歴確認可
プレミアムサービス	・デビットカードのキャッシュバック率1％ ・ATM手数料月15回無料 ・他行振込10回無料

※2021年5月、ふくおかFGにより開業

〈UI銀行の特徴〉

金利優遇	・普通預金金利0.1％／年 ・大口預金金利0.3％／年
デジタルコンシェルジュ	・店頭に口座開設やアプリ操作のサポート要員配置
非金融サービス	・非金融事業者と連携した生活関連情報を自社メディアで発信

※2022年1月、東京きらぼしFGにより開業

る業務設計、BaaSによる異業種連携ビジネスの展開などの特徴があげられる。**日本では2021年にみんなの銀行（ふくおかフィナンシャルグループ）、2022年にUI銀行（東京きらぼしフィナンシャルグループ）が立て続けに発足した**［図表1－13］。日本におけるデジタルバンクは地域金融機関を皮切りに始まっていることが興味深い。今後、既存顧客のデジタルシフトによって促される既存店舗のありようの変化や地域の捉え方の変化などへの対応と

して、既存事業の制約を解放してビジネスモデル変革をよりスピーディーに促進する目的などで、2社に続いてデジタルバンクへの参入を検討する地域金融機関が出てくる可能性も考えられる。

Tips!

海外デジタルバンクは急増も、収益化は道半ば

現在、欧州ではデジタルバンクが存在感を増している。デジタルバンクはサービス提供に必要なアセットの自社保有の有無で類型化される。自らライセンスを取得して銀行サービスを提供する業態は〝チャレンジャーバンク〟、提携先銀行の保有するライセンスとコアシステムを利用して銀行サービスを提供する業態は〝ネオバンク〟と呼ばれている。フランスのExton consulting社の調査によれば、世界のネオバンクの数は、2018年時点の60社から2020年には4倍以上となる256社に急増している。欧州、なかでもイギリスはデジタルバンク先進国であり、銀行ライセンス取得の緩和、PSD2（2016年施行の「決済サービス指令」（Payment Service Directive 2））によるAPI解放で、参入が急拡大した。当時の欧州圏の銀行が提供するリテール向けサービスの品質が各行のコスト削減方針等により低下

していたこともあり、デジタルサービスの受容度が高い若年層を中心として利用が拡大した。

アメリカではフィンテック機運の高まりで２００９年からデジタルバンクが設立されたが、当時は顧客ニーズが十分に高まらなかった。２０１０年代の後半、デジタルバンクが急拡大した欧州と比べると、アメリカは州ごとに銀行ライセンスの取得条件が異なることに加え、取得のハードルが高く、また運用も厳格であることから、チャレンジャーバンクの動きがあまりみられない。一方で、ネオバンクでの取組みがより目立っているところに違いがある。

ユーザー数の観点から爆発的な成長を遂げているデジタルバンクが存在する一方で２０１０年代中盤以降に設立されたデジタルバンクは収益化が道半ばの状況にあり（注13）、近年、マネタイズ強化に向けて様々な取組みが行われている。デジタルバンクの基本的な収益源は送金・為替等の各種手数料と与信収益等であるが、マネタイズ強化策としては例えば、顧客あたりの収益性向上のためのメイン口座化や、ＢａａＳサービスの提供、自動車・電力・不動産の売買仲介やあっせん等による新たな手数料収益の創出など収益源の多角化、収益性の高い融資ビジネスの拡大等に取り組んでいる。このように、**海外のデジタルバンクは事業ステージが〝ユーザー獲得フェーズ〟から〝マネタイズフェーズ〟へ明確にシフトしている。**デジタルバンクのような比較的新しいコンセプトの事業モデルであったとしても、事業者は環境変化と事業ステージの変化に応じて絶えず変革をし続ける必要がある。日本との規制法の違いなどに留意する必要があるものの、一日の長がある海外の取組みは、我が国でデジタルバンク参入を検討する事業者にとって参考となるだろう。

② エンベデッドファイナンス

エンベデッドファイナンスとは、非金融サービスを提供する事業者がテクノロジーを活用し、自らのサービスに金融サービスを組み込んで新たなサービスを提供するスキームである。日本語では「組込型金融」「埋込型金融」「モジュール型金融」などとも呼ばれており、多くの顧客接点を持っている非金融事業者が主体となり金融サービスを提供する事例が増えており注目度が高まっている。

エンベデッドファイナンスには、3つのプレイヤー（Brand／Enabler／License Holder）があるとされる［図表1－14］。Brandは顧客接点を持つ非金融事業者、EnablerはBrandとLicense Holder間の仲介役、License Holderは金融ライセンスを保有する金融機関を指す。金融機関（License Holder）にとっては、これまでにない顧客接点を活用した顧客の獲得や新たなビジネスモデルを創出することができる。非金融事業者（Brand）にとっては、自らのサービスに金融

図表1－14　エンベデッドファイナンスの概念

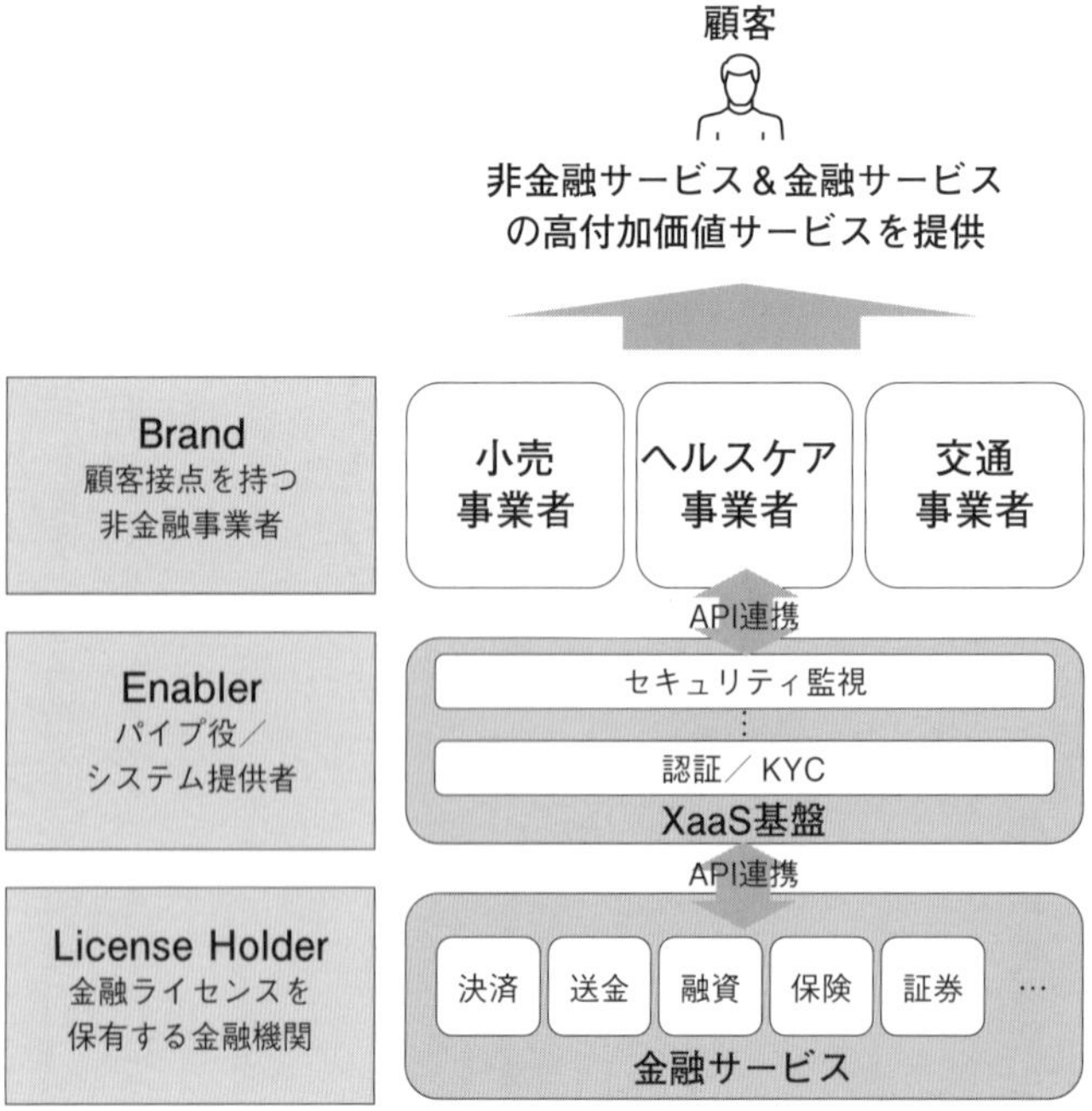

サービスを組み込むことでより顧客に対して付加価値の高いサービスの提供が可能となる。例えば、決済においては、ユーザーは一連の購買体験のなかで金融サービスをシームレス・フリクションレスに利用することになるため、決済手続きを意識させることなく高い顧客満足度が期待される。地域金融機関にとっても、地域の小売業者やEC業者などと連携して、地域版のエンベデッドファイナンスや、旅客運送業者や旅行業者などと連携した地域版MaaS（注14）などのビジネスを実現

していく余地がある。

③　DeFi

DeFi（Decentralized Finance：分散型金融）とは、中央集権的に管理されてきた従来の金融システムとは異なり、パブリックブロックチェーンを基盤にして特定の取引仲介者なしで金融サービスを提供するものである［図表1－15］。取引仲介者がいないことから、従来の金融サービスと比較して低コストで提供が可能になるメリットがある。また、基盤となるブロックチェーンのネットワークにも運営主体がいないことが特徴である。現在、暗号資産などにおいて実用化されている技術ではあるが、一方で法規制が追いついていない状況でもあり、現在、金融庁主導でデジタル・分散型金融への対応のあり方などが検討されている。

DeFiは現時点で地域金融機関のビジネス変革に直ちに影響を与えるものではないが、現在の中央集権的な金融サービスと相反する概念であり、中長期的には金融サービスのあり方を変える可能性を秘めている。今後の動向を注視していく必要があるだろう。今後、法規制やルールの整備が進み、世の中の一般にも暗号資産やDeFiといった技術が浸透・普及した世界が実現した場合、**暗号資産の売買や貸し借りにDeFiを活用し、これらを活用した地域活性化、例えばメタバースと暗号資産を組み合わせて、バーチャル空間に地方都市や観光コンテンツを作り、そこでの消費を暗号資産や地域通貨などを使って促すような取組みを地域金融機関が外部の関係者**

図表1－15　DeFiの概要

DeFiの概要

■DeFi（Decentralized Finance）は、ブロックチェーンを基盤に、特定の取引仲介者なしで金融サービスを提供するものであるが、技術検証や検討が進められている段階であるため、盛衰も激しく、難しいビジネスである。
■一方、従来の金融サービスと比して手数料が安く、参入しやすい市場であることから利用・サービスの拡大が期待されていることに加えて、金融機関においては、基幹系システムや事務処理対応をDeFiで代替できる可能性があると推察される。

〈既存のDeFiのサービス例〉

融資・借入	・スマートコントラクトを用いることでDeFiプラットフォーム上で貸し手・借り手になることが可能
投資（アセットマネジメント／デリバティブ）	・預託暗号資産をリスク許容度の範囲内で最も利回りの高い案件に自動で割り当てることにより、利回りを生む暗号資産の商品を提供 ・合成資産、オプション、永久先物等のデリバティブ商品や暗号資産トランシェの利用が可能
分散型取引所（DEX）	・スマートコントラクトに基づくP2Pのマーケットプレイスであり、暗号資産の取引が可能
決済	・規模の拡大のためにブロックチェーン間の相互運用性を高めることや、ブロックチェーンを利用してリアルタイムに取引を検証することで既存の決済手段（QRコードの利用等）の安全性を高めること等を重視
保険	・メンバー間でのスマートコントラクトの失敗によるリスクのプール・共有や事前に定義されたリスクやイベントが顕在化した際に支払いを開始するスマートコントラクトへ保険料を出しあうことが可能

〈伝統的な金融との相違点〉

オープンであること	・DeFiはオープンソースの技術を採用し、技術的な専門知識を有する者なら誰でも、ソースコードを読むことが可能
トラストレス	・DeFiプラットフォームは、必要な担保（暗号資産等）を提供できる人なら誰でも自動取引で利用可能 ・DeFiプラットフォーム上のスマートコントラクトを介した超過担保や必要マージンのプログラムによる執行により、利用者の身元確認と借り手の信用リスク評価を代替
パーミッション	・DeFiプロトコルは、要件を満たすことができれば、誰でも使用が可能
所有権とガバナンス構造の分散化の主張	・一部のDeFiプロトコルは、意思決定のガバナンストークンの保有者による投票（伝統的な金融における株主の議決権に類似するものと理解可能）への依拠を企図 ・ソーシャルメディアプラットフォームを通じて定期的に開催される管理目的の委員会の活用や、ガバナンストークンの大部分を保有するDeFiプロジェクト関係者等を通じて、ガバナンスが集中している場合がある ・「管理鍵」を保有する創業チームも存在し、少なくとも開発の初期段階において、一方的な決定を下して内部ガバナンスの機能全体を支配することが可能

（出所）　金融庁資料をもとに当社作成

図表１－16　メタバースの概念

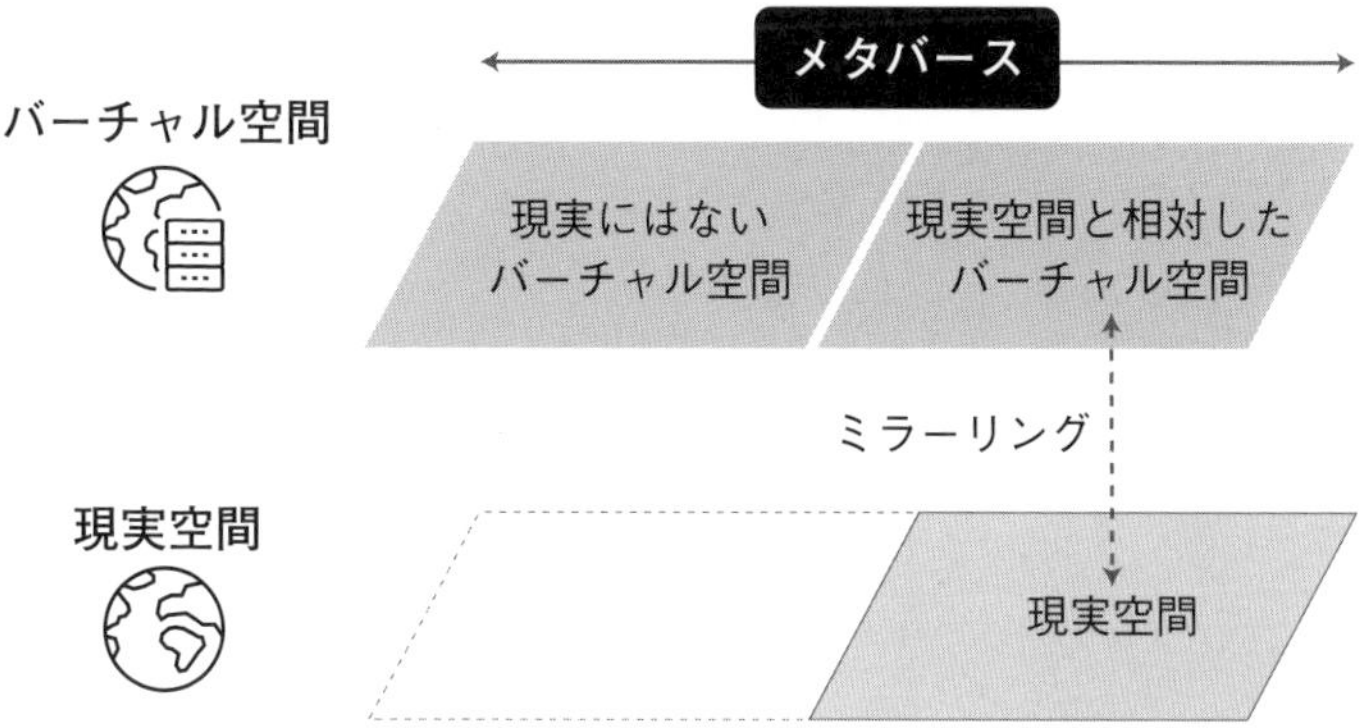

を巻き込みながら実現するような可能性もあるのではないだろうか。

④　メタバース

昨今、バーチャル上の3次元空間であるメタバースは、様々な業界において多様なプレイヤーが参入を表明するなど注目を集めている〔図表1－16〕。一個人の目線感でもテレビCMやインターネット広告などで目にする機会が増えてきており、認知度が上がってきた。デジタル系の展示会でも必ずといっていいほどセミナーや関連機材・技術が出展されており、メタバース関連市場は今後急拡大すると各国のアナリストやシンクタンクにより予測されている。

現実空間と同様にメタバース空間でもヒト・モノ・コトに関する経済活動が存在し、経済活動を下支えする金融サービス、例えば、モノを買う際の決済機能などもメタバースの発展に最適化した形で進化していくだろう。

メタバースは金融機関にとっても大きなビジネスチャンスを秘めた存在であると考えられる。

足許では地域金融機関を含む金融機関が、メタバースに関連する取組みに着手している状況である［図表1－17］。商品開発の観点からは、メタバースを活用した各種金融商品やサービスの企画に取り組む事例が発表されている。また、顧客コミュニケーションの観点からは、メタバース空間上でのラウンジ開設や相談窓口の設置、ブース出展など顧客接点の場としての活用から取組みをスタートしている。前者の主だった事例としては、**大手損害保険会社各社がメタバース空間上に商品開発のための実証実験やビジネス開発のための拠点を設置**している。地域金融機関の取組みとしては、**島根銀行が、県内の商工会議所などが中心となって2022年5月にメタバース空間内に開設した「しまね縁結び商店街」にブースを出展**した。ちなみに、この「しまね縁結び商店街」はメタバースを使った地方創生や地元産品の購入ができる日本初の取組みといわれている。島根銀行のブースでは島根県の商材の情報発信や、金融関連セミナー、商談会などを実施した。この取組みは地域版メタバースとして先進的な事例といえ、地場のプレイヤーを巻き込み展開するという点で、今後の広がりが注目される。

こういった地域版メタバースが地域金融機関が踏み込んでいくべきビジネススコープとなるには、もう一段二段、さらなるメタバースの普及が必要となるだろう。ただ、社会的なデジタルシフトが進んでいることや、普及を下支えするべき大容量のデータ通信技術やプラットフォームな

図表1－17　金融機関によるメタバースの主な取組み事例（公表事例ベース）

時期	社名	取組みの概要
2021年9月	三菱UFJ信託銀行	メタバースプラットフォーム「cluster」上で新卒採用イベント（オフィス訪問）を開催
2022年2月	JPモルガン	メタバース空間「ディセントラランド（Decentraland）」に仮想店舗を開設
2022年5月	島根銀行	メタバース空間「GAIA TOWN」内に開設する「しまね縁結び商店街」にブース出展
2022年7月	東京スター銀行	webVRによる都市型バーチャルモール「TUG MALL」に「東京スター銀行VRラウンジ」を出店
	明治安田生命保険	メタバース上に「明治安田生命バーチャルスタジアム」を展開
2022年8月	みずほ銀行	VR（仮想現実）イベント「バーチャルマーケット2022 Summer」にブースを出展
2022年11月	三菱UFJ銀行	ANA NEO、損害保険ジャパンとの3社合同でメタバース空間における新たな金融サービスの提供に向けた協業体制を構築
2022年12月	三井住友海上火災保険	VR（仮想現実）イベント「バーチャルマーケット2022 Winter」にブースを出展
2023年1月	東京海上日動火災保険 東京海上日動あんしん生命保険	JR東日本のメタバース空間「Virtual AKIBA World」に出展

どメタバースに関連するテクノロジートレンドも鑑みれば、メタバースは地域金融機関にとって積極的に検討する余地のある領域ではないだろうか。

金融庁2022事務年度金融行政方針においても、デジタル社会の実現に向けメタバース発展の後押しに注力を表明するなど、金融庁としての注目度も高い。また、メタバース空間における決済との親和性が高いと考えられる「ステーブルコイン（注15）」は、2022年6月の資金決済法の改正によって、国内での発行が銀行（信託銀行を含む）、資金移動業者、信託会社に限定された。加えて、既に海外で発行されているステーブルコインの国内における発行・流通には事業者へ金融庁への登録要件が課されるなど参入障壁が高まったことも相まって、**銀行・信託銀行を中心にステーブルコインに係るビジネスの機運が高まっている**ことには注視が必要であろう。

競争環境のうねり

1　非金融事業者の侵食

2000年代のインターネットの普及により、異業種からネット銀行への金融業進出が進んだ

図表1－18　非金融事業者による金融事業への進出例

業種	グループ母体	金融事業会社／サービス名	進出先金融サービス					
			預金	ローン	送金	証券	保険	電子マネー
サービス	Zホールディングス	PayPay、PayPay銀行、LINE Financialほか	●	●	●	●	●	●
サービス	楽天グループ	楽天銀行、楽天証券ほか	●	●	●	●	●	●
通信	KDDI	auじぶん銀行、auカブコム証券ほか	●	●	●	●	●	●
小売	セブン&アイ・ホールディングス	セブン銀行ほか	●				●	●
小売	イオン	イオン銀行ほか	●	●	●		●	●
小売	ローソン	ローソン銀行	●					
メーカー	ソニーグループ	ソニー生命、ソニー銀行ほか	●	●	●		●	

（出所）　各種公表資料をもとに当社作成

が、その後、2000年代後半からのスマートフォンの登場・普及、さらに近年のBaaSやAPIに代表されるようなデジタル技術の発展により、テクノロジーを背景にした金融業への進出ハードルがますます下がり、**異業種から金融業に参入する企業が相次いでいる**【図表1－18】。

異業種参入組の営業地域は基本的に全国規模であり、個人顧客を中心とする顧客基盤を数千万人の単位で保有しており、地域金融機関の顧客と重なることもある。特にデジタルネイティブな若年世代を中心に、**地域金融機関の顧客基盤を少なからず侵食している**実態があるものと推察される。非金融事業を母体として金融業に参入してきた企業グループとしては、**楽天グループ、KDDI、イオン、**

ソニーグループなどが代表例としてあげられるだろう。

通信系のＫＤＤＩは、傘下に銀行のほか、クレジットカード・資産運用・保険・証券・電子マネーなどの金融関連事業会社を保有しており、金融機能を一通り面でおさえている。

小売系では、イオンが銀行・クレジットカード・保険・電子マネーなどを提供し、通信系同様に幅広く金融サービスを面でおさえている。

メーカー系では、ソニーグループが銀行のほか、クレジットカード・保険など広く金融サービスを提供している。

銀行に関するそれぞれの進出時期については、セブン銀行（２００５年に商号をアイワイ銀行から変更）、ソニー銀行、楽天銀行（２０１０年に商号をイーバンク銀行から変更）が２００１年、住信ＳＢＩネット銀行とイオン銀行が２００７年、ａｕじぶん銀行が２００８年と、小売系、メーカー系、通信系の一部はスマートフォンの登場・普及前からネット銀行の分野に参入しており比較的長い歴史がある。

なお自ら銀行免許を取得するのではないが、ヤマダホールディングスは、住信ＳＢＩネット銀行が手掛けるＢａａＳサービスである〝ＮＥＯＢＡＮＫ〟を活用しヤマダデンキが銀行代理業のライセンスを取得することで２０２１年7月より金融サービス「ヤマダＮＥＯＢＡＮＫ」の提供を行っている（金融機関と非金融事業者がエンベデッドファイナンスのスキームで共創した事例の１つである）。

このように、サービス提供のストラクチャーは個々に異なるものの、全国規模でサービスを提供する非金融事業者が手掛ける銀行サービスは数多く、地域的な制約を超えて本業である非金融やリアル・デジタルの顧客タッチポイントの活用、優れたＵＩ／ＵＸを武器に地域金融機関の個人顧客の基盤を侵食していると思われる。

では、非金融事業をコアビジネスとして事業拡大してきた異業種参入組が金融事業へ参入する意図は何であろうか。

この点、地域金融機関と競争しようという意図があるわけではなく、金融事業と非金融事業による総合的なサービスにより、非金融業単体ではなし得ない価値提供を実現することで顧客を自社経済圏に繋ぎとめることを目的としていると考えられる。結果として、顧客単価の向上、ＬＴＶ（注16）の向上、自社サービスのリテンション効果などによる自社経済圏の拡大と、金融サービスによる経済圏の活性化を実現している。

金融サービスが自社経済圏を拡大・活性化する事例として、大手フリマサイトを運営するメルカリが手掛けるスマホ決済〝メルペイ〟を例にとってみると、フリマサイトであるメルカリで販売した際の売買代金をメルペイ残高にチャージし、メルペイを介してコンビニエンスストア等でメルペイ残高から支払いができるサービスをスマートフォン１つで完結させ、顧客に対して高い

図表1－19　日本のキャッシュレス比率の推移

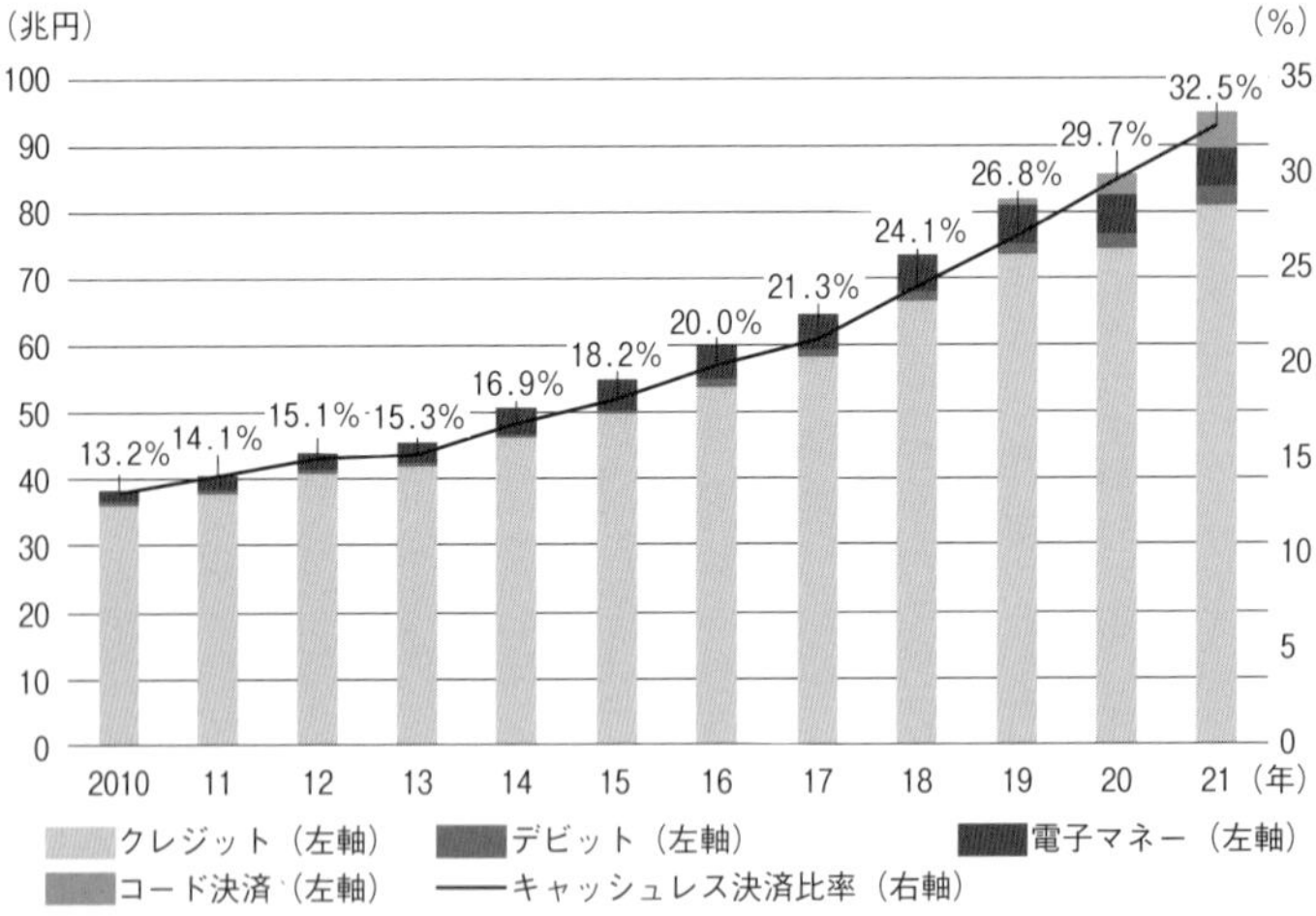

（出所）　経済産業省公表資料より作成

利便性を提供し、メルペイ経済圏の維持・拡大に寄与している。

一方、利用者である個人顧客の視点でみても、前述のように異業種の金融事業参入が広がったことやスマートフォンの普及などにより、**金融に対する考えも変わり始めている**と推察する。ネット銀行が先駆けてリリースしたインターネットバンキングは、現在ではメガバンクのほか多くの地域金融機関が導入し、個人にとって身近なものになった。また、ＱＲコードを利用した決済サービスが普及し、日本のキャッシュレス決済比率は２０２１年には30%を超えるなど【図表1－19】、デジタル化を通じて個人の〝おカネ〟に対する価値観や距離感が変化している。２０２３年４月には給与

図表1－20　非金融事業者の金融事業への参入における武器と経済圏拡大のドライバー

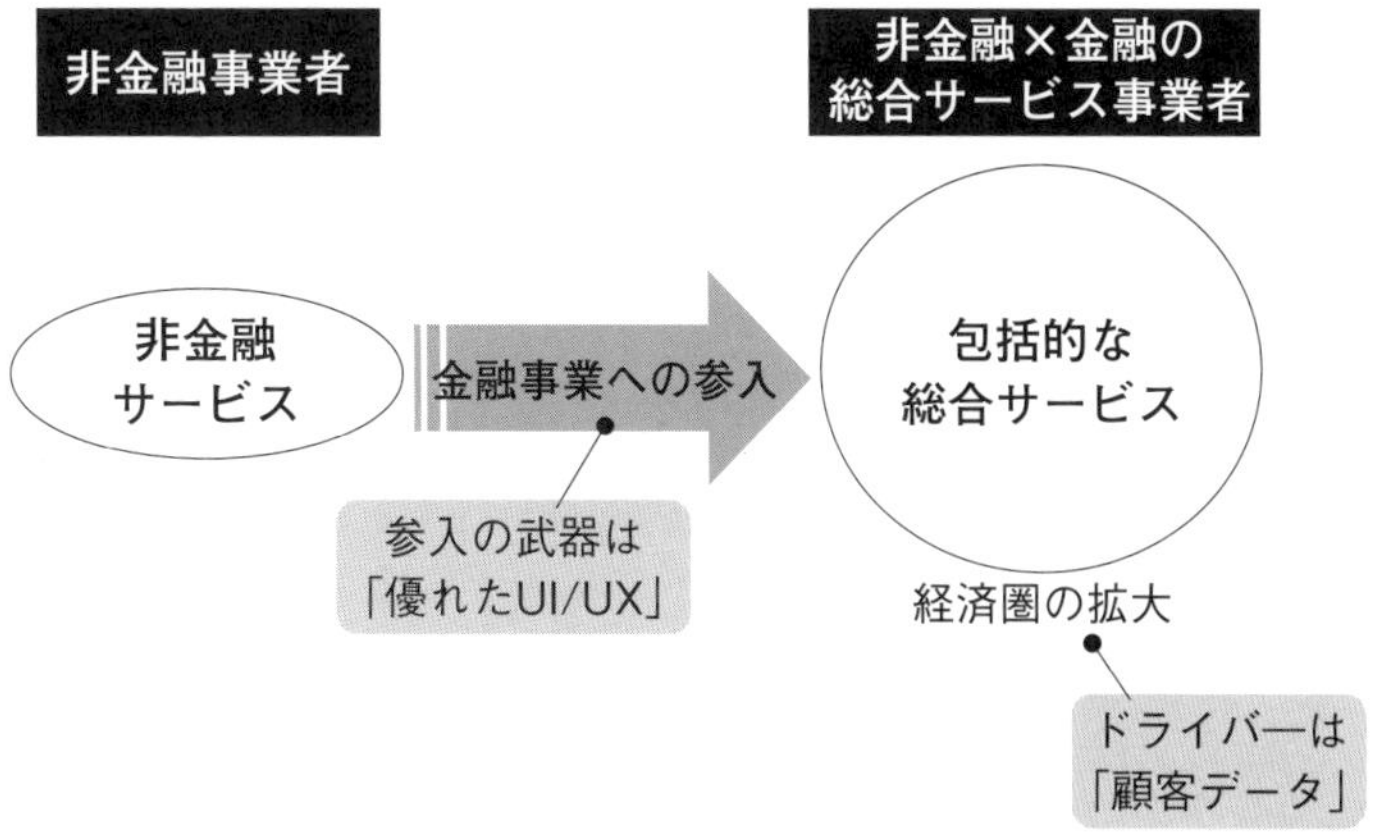

を電子マネーなどで支払うことを可能にする〝給与のデジタル払い〟も解禁され、ますます個人のお金に関する価値観が変化することが予測される。

このような状況下において、個人顧客の金融機関に対するニーズも変化し、店舗に行かずにスマートフォンなどで取引を完結させることができる〝手軽さ〟〝便利さ〟や、顧客自身が最適なタイミングで最適なサービスを受けられる〝特別感〟など、**機能的な価値よりも体験的な価値がより重視されるようになっている**ものと推察される。まさに異業種参入組が得意とするデジタル技術や顧客コミュニケーション、デジタルマーケティングと相性がよく、異業種参入組は非金融業で培ったノウハウと金融業で得た顧客データ等を組み合わせ、パーソナライズ化されたサービス提案をし、今後も顧客基盤をより一層拡大していくのではないだろうか。

異業種参入組が自社経済圏を拡大するためのキーファクターが「顧客の情報」であり、各グループとも積極的に収集し利活用を実施している【図表1－20】。属性系の情報は、顧客のライフステージを、トランザクション系の情報は顧客の趣味嗜好を表しており、これらの金融事業から得られる情報を本業である非金融事業のサービス提供に活かすなど、顧客データ利活用の高度化を志向し、デジタルの知見を武器に実現・商用化している。膨大な本業でのデータを金融事業の与信判断に活用するなど、金融・非金融問わず、**顧客情報の活用は自社経済圏の拡大に大いに貢献する**ことになろう。このように、一般消費者に身近な企業グループにおいては、金融事業と非金融事業による総合的なサービスを顧客に提供することで、非金融事業単体ではなし得ない価値提供を実現している。

優れた〝ＵＩ／ＵＸ〟が顧客獲得のキーファクターとなっていることにも注目する必要があるだろう。異業種参入組は、本業である非金融事業で培った顧客接点や、顧客体験のなかに金融サービスを組み込むことによる優れたＵＩ／ＵＸによるスマホアプリやウェブサイトなどを武器にして顧客基盤を拡大している。デザインやＵＩ／ＵＸの専門組織を社内に抱えているなどケイパビリティ面でも成熟しており、地域金融機関が一足飛びにこれらのケイパビリティを自前で具備し対抗していくのは難度が高い。

異業種参入組は全国規模で一律にサービス提供を行っており、さらに本業とのシナジー追求を前提に金融事業を行っているプレイヤーがほとんどであり、地域金融機関のような地域に密着したサービスを展開しているわけではない。このため、そもそも地域金融機関の競合として比較すること自体が適切ではないかもしれないが、特にデジタルネイティブな若年世代やネット専用銀行に抵抗感のない世代を中心に、結果的に地域金融機関の個人顧客の一部の基盤を侵食しつつ顧客数を伸ばしているのが実態であろう。

Tips!

エンベデッドファイナンスによって下がる金融業参入のハードル

技術的にもコスト的にも非金融サービスに金融サービスを組み込んで提供できる環境が整備されたことに加え、自社サービス体験のなかでシームレスに金融サービスを提供することで付加価値の高いサービスが実現でき顧客の囲い込みに繋がる点から、近年、非金融事業者が金融事業者と協業して、金融サービスに参入する事例が増えてきている［図表1－21］。

例えば、**住信SBIネット銀行は、日本航空、ヤマダホールディングス、カルチュア・コンビニエンス・クラブなどの各業界の主要企業と提携して銀行サービスをエンベデッドの形**

図表1－21　国内におけるエンベデッドファイナンスの代表的な事例

License Holder（金融事業者）	Brand（顧客接点を持つ非金融事業者）	提供サービス	提供サービスの種別
住信SBIネット銀行	日本航空	金融サービス「JAL NEOBANK」プリペイドカード「JAL Global WALLET」	銀行サービス
	ヤマダホールディングス	金融サービス「ヤマダNEOBANK」	
	カルチュア・コンビニエンス・クラブ	金融サービス「T NEOBANK」	
	オープンハウス	金融サービス「おうちバンク」	
JCB	ANAグループ	決済サービス「ANA Pay」	決済
三井住友銀行	ユニクロ	決済サービス「UNIQLO Pay」	
三菱UFJ銀行	NTTドコモ	デジタル口座サービス「dスマートバンク」	
スマートプラス	クレディセゾン	スマホ証券サービス「セゾンポケット」	証券

（出所）　各種公表資料をもとに当社作成

態で提供している。また、GMOあおぞらネット銀行は〝ichibar〟というAPIによる銀行機能の提供により存在感を高めている。

従来、銀行サービスを提供するにあたっては銀行業のライセンス取得や大規模なシステム開発が必要なため非金融事業者にとって参入（注17）難度が高かったが、エンベデッドファイナンスの登場により金融業へ参入するハードルが低くなり、非金融×金融の包括的なサービス設計の柔軟性が向上した。今後も非金融事業者の金融事業への参入が引き続き継続していくと考えられる。

2 〝競争〟から〝共創〟の関係へ

このように、既存の顧客基盤を侵食する可能性のある非金融からの異業種参入組は、地域金融機関にとって顧客を奪い合う競合企業とみなされるだろう。しかしながら、視点を変えることで〝共創〟パートナーという別の関係性もみえてくる。

一例として、ふくおかフィナンシャルグループによって設立されたデジタルバンクである「みんなの銀行」をみてみよう。みんなの銀行は、自行の金融サービスや機能をAPIとして積極的に非金融事業者に提供するスタンスを打ち出しており、非金融事業者との共創を目指している。金融事業者の置かれた状況や戦略次第で、非金融事業者はビジネスパートナーとなり、非金融事業者の顧客基盤や顧客チャネル、マーケティング基盤を使って自社顧客やサービスの拡大を実現できるだろう。個社ごとに非金融事業者の金融進出の受け取り方は様々であるが、全体的な動きとしては、競争関係から共創関係へとシフトしていくものと考えられる。

同様の事象はグローバルレベルでも起こっており、当初、GAFAの金融事業参入に危機感を持っていた伝統的な金融機関も、その顧客基盤や顧客体験の影響力の大きさから共創関係へとシフトしている。代表的な共創事例としては〝Apple Card〟があげられる。これは、2019年にAppleがアメリカで提供を開始したクレジットカードで、ゴールドマン・サックスが発行会社となっている。テクノロジー企業への転換を進めてBaaSサービスを強化していたゴールドマン・サックスと、金融事業を強化したいAppleの思惑が一致した形である。一方、共創の構想はあったもののサービスリリースまで至らなかった事例もある。Googleのスマートフォンを通じた銀行口座サービスの提供について、シティバンク等との提携により2021年に開始されることが2019年に明らかになったが、2020年11月に見送りが明らかになった。Googleが金融機関に配慮し、自らがサービスを提供するのではなく、金融機関を支援する方針にかじを切った形といわれている。このように、〝競争〟から〝共創〟関係にシフトするトレンドは全体としてあるものの、実現に至るケースと構想止まりとなるケースがあり、金融機関との距離感を巡る非金融各社の戦略によるところが大きいことをおさえておく必要があるだろう。

地域金融機関と非金融事業者の〝共創〟の文脈に話を戻すと、地域金融機関にとって地域における非金融事業者との共創関係の構築は自社顧客を拡大していくビジネスチャンスになり得るだろう。地域の持続的成長のために地域金融機関が中心となって、地域の事業者や地域発の大手企業と共創して総合的なサービス提供基盤を構築し、その金融機能を地域金融機関が担うといった発想が必要となる。先に紹介した地域版メタバースなどは地域における共創関係を構築しやすい1つの例ではないだろうか。

動き出した地域金融機関

本章では、地域金融機関を取り巻く環境の変化を、外部環境と競争環境の観点から解説した。銀行法改正による他業禁止規制の緩和や経営統合・再編に関する金融当局の後押し、テクノロジーの急速な発展によるデジタル化の進展、異業種参入組・非金融事業者との連携・共創による顧客の拡大や新たな顧客タッチポイントの獲得など、変革推進のドライバーとなるポジティブな潮流がある。一方で、特に地方部を中心とした顧客数の減少などネガティブな潮流が大きく、日銀総裁の交代により金利政策が見直される可能性はあるものの、総じて考えると地域金融機関を取り巻く環境は厳しさを増していると考えるべきである。地域金融機関は持続可能なビジネスモデルの構築に向けた変革がより喫緊の課題となっている状況にある。

では、どのように変革していくことがこれからの地域金融機関にとって必要となるだろうか。限られた経営資源を振り向ける以上、選択と集中が必要であり、すべての地域金融機関が全方位的にあらゆることに手を出すことは難しい。

重要なのは、地域の特性や地域金融機関が置かれた環境、地域における位置付け（地域の一番手行か二番手行か、信金・信組かなど）を踏まえ、地域に根差した金融機関として顧客や地域社会などのニーズの変化や期待値を改めて認識し直し自らのビジネスモデルを変化させていくことである。

このようななか、特に地域の一番手行を中心に非金融事業などこれまで地域金融機関が取り組んでこなかった新たな取組みを推進することで事業範囲の拡大を図り、顧客ニーズを総合的に〝面〟でカバーする「総合サービス化」の動きが顕著になってきている。次章で、各地の取組み内容を解説する。

（注）

1　ＵＩ／ＵＸ：ユーザーインターフェース（ＵＩ）、ユーザーエクスペリエンス（ＵＸ）を指す。画面のデザインや操作性、使いやすさなどを含めたユーザー体験のこと。

2　ＢａａＳ：Banking as a Serviceの略。従来、銀行が提供してきた機能やサービスをモジュール化し、様々な企業が自社のサービスに組み込んで利用できるようにする仕組み。

3　エンベデッドファイナンス：埋込型金融。金融以外の事業を展開する非金融事業者が、既存のサービスに金融サービスを組み込むこと。

4　ドーナツ化現象：地価の高騰や生活環境の変化などを理由に都市住民が郊外へ移動すること。

5　5Ｇ：第5世代移動通信システム。①高速大容量、②高信頼・低遅延通信、③多数同時接続の特徴を持つ。5Ｇの普及により、ＶＲ、遠隔医療、自動走行などが可能となる。

6　株式会社400Ｆ、ＳＣＳＫサービスウェア株式会社、株式会社リクルートペイメント、エスジェイ・モバイルラボジャパン株式会社、株式会社ＮＴＴドコモ、株式会社ＳＢＩネオトレード証券。

7　ＰＭＩ：Post Merger Integrationの略で、Ｍ＆Ａ（合併・買収）後の統合プロセスを指す。経営統合、業務統合、意識統合の3段階からなる。

8　ふくおかフィナンシャルグループと十八銀行の経営統合を巡り、長崎県内における融資シェアが一定水準を超えるとして、2018年、公正取引委員会が難色を示した事例があった。

9　新たな形態の銀行：都市銀行や地方銀行、信託銀行など従来の伝統的な銀行にはない業務を行う銀行を指す。

10　ウェブ3・0：次世代の分散型インターネットの概念。暗号資産等に使われるブロックチェーンなどの分散型のフレームワークを基盤とすることで、管理主体を置かずに、高い透明性、セキュリティのサービスが実現すると考えられている。

11　メタバース：英語のmeta（超越した）とuniverse（宇宙・世界）を組み合わせた造語。オンライン上に構築された仮想空間のこと。

12　スーパーアプリ：1つのアプリのなかに複数のアプリ（機能）が搭載されたアプリのこと。様々なサービスの利用がスムーズになると期待されるため、ニーズが高まっている。
13　財務情報を発表しているイギリスのチャレンジャーバンクのうち、2010年代中盤に設立された3行（Monzo、Atom、Starling）をみると、2022年の決算においてStarlingを除く2行がIncome before Tax（税引前利益）で赤字を計上している。
14　MaaS：Mobility as a Serviceの略。地域住民や旅行者の移動ニーズに対応して、複数の公共交通やそれ以外の移動サービスを最適に組み合わせて検索・予約・決済等を一括で行うサービスのこと。
15　ステーブルコイン：取引価格が安定することを企図して設計された暗号資産の一種。
16　LTV：Life Time Valueの略。「顧客生涯価値」と訳される。顧客が特定の企業等と取引を開始してから終了するまでの期間内にどれだけの利益をもたらすかを算出したもの。
17　2000年～2010年に銀行業に参入した非金融業からの異業種参入組は自らが銀行ライセンスを取得し、銀行を設立し参入していた。

第 2 章

事例にみる総合サービス化への挑戦

総合サービス化とは

1　総合サービス化の本気度

地域金融機関は、地域を第一義として支え、地域とともに事業を創造し、地域社会・地域経済の発展に貢献していかなければならないという使命を持っている点に異論はないだろう。営業地域が大都市なのか地方都市なのか、その地域の主力産業は何か、産学官連携の動きや新産業の育成、人口動態や地域社会の特徴など、各地域金融機関が根差す地域ごとに特性や経営環境の差はあるものの、地域金融機関は地域のなかで地域の持続的な成長に貢献することを期待される存在である。それを踏まえると、変革の方向性としては、**収益性確保だけでなく、地域貢献の観点も踏まえたビジネスモデル**であることが必要となるだろう。特に地域の一番手行はその要請が強く、内部からの変革の機運の高まりとともに、外部からの強い期待・要請によって変革を進めざるを得ない状況に置かれている。

具体的には、地域特性や顧客・地域のニーズに応じて、預金・貸出・為替等の金融コア事業を軸に、リースやクレジットカード、保険等の金融関連事業や、非金融事業など様々な周辺サービビ

図表2―1　総合サービス化の概観

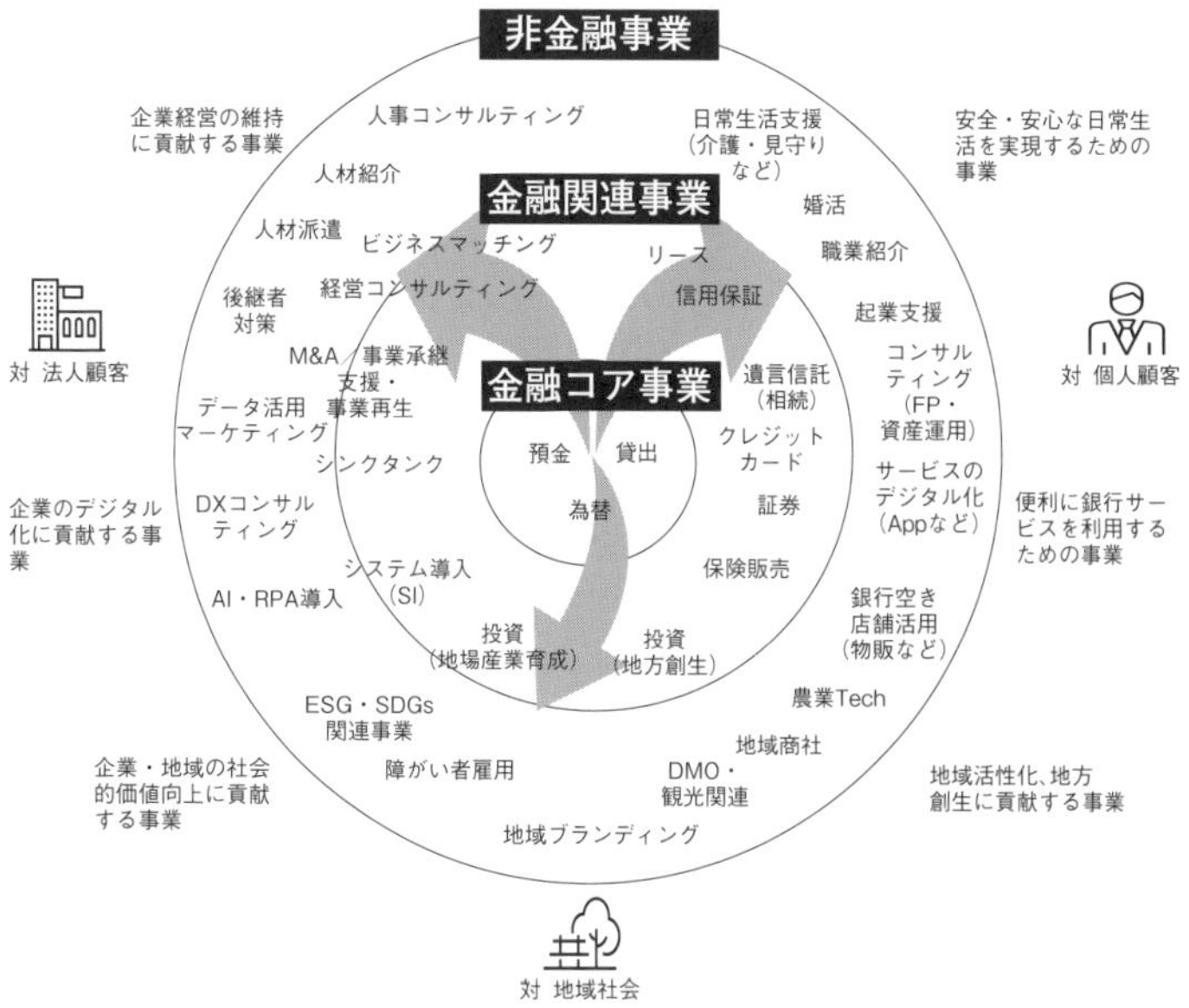

スをワンストップで提供することでサービス提供の面を拡大していくこととなる【図表2―1】。また、サービスを面として拡大していくだけでなく、地方創生の旗振り役として地域のプレイヤー同士を繋ぐことで地場産業育成の役割を果たし、地域金融機関と地場産業が連携した形の地域のエコシステムを創ることで地域の持続的な成長に貢献することが求められよう。

　このような背景を踏まえ、足許では各地の地域金融機関によって、サービス面では金融と非金融それぞれで様々なサービスを単独で、または顧客ニーズやカスタマージャーニーに沿って金融と非金融を組み合わせてサービス提供を行う**「総合サービス化」に向けた取組みを具体的に進める、または、中期経営計画のテーマに組み込む地域金融機関が地域の一番手行を中心にみられるようになってきた。**「総合サービス企業化」「地域総合企業」など、各地域金融機関によって呼び方は様々であるが、背景事情や目指す姿は概ね共通している。

地域金融機関による総合サービス化は、次の通り定義できよう。

総合サービス化とは……

金融コア事業の抜本的な構造改革に加え、リースやクレジットカード、保険などの金融関連事業やコンサルティング、地域商社、人材紹介などの非金融事業を中心とする新たな事業へ進出する。

＝複雑かつ多様化する顧客ニーズに対して、銀行グループとして総合的なサービスを提供する。

＝地域金融機関が地域のハブとなり、地域の持続的成長を実現するための中心的な存在となる世界観を実現していく。

2　盛り上がりをみせる「非金融事業」

第1章で述べた通り、銀行による非金融事業への進出は銀行法の業務範囲規制によって制限されてきたが、近年になって徐々に緩和され、直近では2021年の銀行法改正によりさらなる緩和が実現し規制法の観点からも総合サービス化を推進するための環境が整ってきている状況にある。この流れを受けて、足許では各地の地域金融機関が非金融事業への進出による総合サービス化を進めようと検討を始めていたり、実際に非金融事業への進出を具体的に進めたりしている。

ここでは、地域金融機関が近年特に進出を進めている、あるいは注目が集まっている非金融事業の分野として、①人材紹介事業、②DXコンサルティング事業、③地方創生関連事業の3分野をあげて解説することで、非金融事業への総合サービス化の時流をつかんでもらいたい。

①　人材紹介事業――既に9割の地銀が進出済み

〝人材紹介事業〟は、地域金融機関が行っているコンサルティングや営業活動のなかで吸い上げた法人顧客の人材不足や後継者不足といった課題を解決することを目的として、有料職業紹介事業の許可を取得して、地域金融機関が単独で、または人材紹介会社と提携することによって有料で人材紹介を行う事業である。

地方銀行および第二地方銀行を対象とした集計では、**約9割の地方銀行が既に事業進出済み**

図表２－２　地方銀行による人材紹介事業（有料職業紹介事業）への進出状況

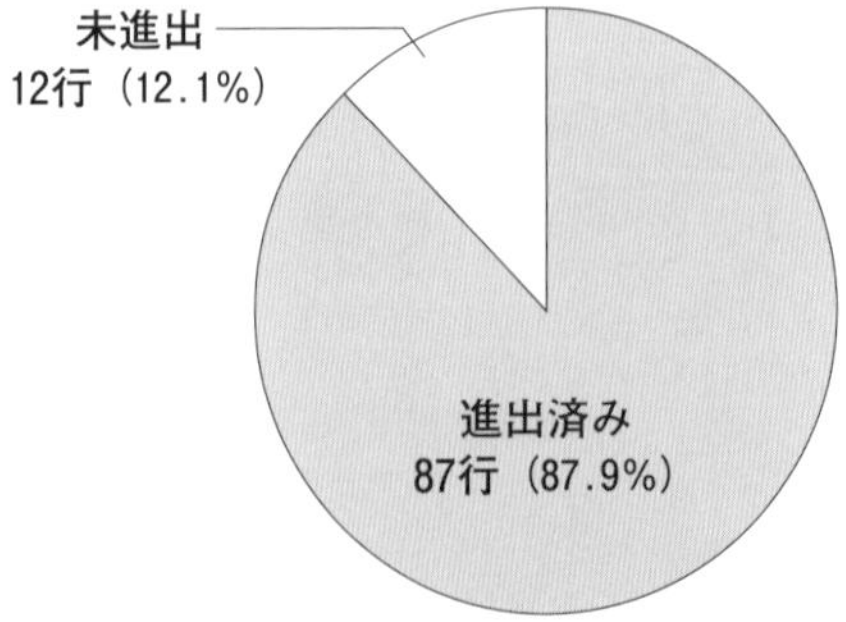

※ｎ＝99（地方銀行62行＋第二地方銀行37行）

■進出年

～2018年	2019年	2020年	2021年	2022年
12件	32件	24件	13件	6件

（注）厚生労働省より、自社グループで有料職業紹介事業の許可を取得して事業を展開している数を集計。進出年は当該許可の取得年。
（出所）各行IR資料、ウェブサイト情報をもとに当社作成

（筆者調べ）であり［図表２－２］、むしろ進出していないことが他の地域金融機関に対して劣後ポイントとなっている状況である。コンサルティングと親和性が高く、地域金融機関にとってはコンサルティングのサービス提供の幅が広がる事業といえる。

　サービス提供は基本的には大手の人材紹介会社と提携して、提携先の人材データベースを使って実施しているケースが大半だが、ひろぎんホールディングス１００％出資子会社のひろぎんヒューマンリソースなど、自社でデータベースを構築して内製化で取り組んでいる事例もみら

れる。

特に地方部においては人口減少が進み、労働人口の流出・不足が深刻化していることに加えて、経営者の高齢化や後継者不足も進み、安定的な事業継続に懸念が生じている。人材紹介事業は、法人顧客の事業継続や地域の活性化に向けて「ヒト」の側面から取引先を支援する事業である。事業の〝維持継続〟を目指す企業だけでなく、〝成長〟を目指す企業においても人材不足は深刻である。地域金融機関が、融資等の金融コア事業による金融面での支援に加えて、非金融の側面からのサービスを拡大することは、地域の企業の事業継続・発展に寄与するだろう。

総合サービス化による非金融事業への進出は足許では地域の一番手行を中心にみられているが、人材不足や後継者難の課題は二番手行や信金・信組の顧客にも共通してみられる課題である。そのため、人材紹介事業は、非金融事業のなかでは、二番手行以下の進出が進んでいる点が特徴的といえる。

②　DXコンサルティング事業——外部とのアライアンスで補完

〝DXコンサルティング事業〟は、フィンテックなどのデジタル技術を使って顧客のデジタルトランスフォーメーション（DX）の推進を支援する事業である。足許でみられる多くの事例では、フィンテックベンチャーなどデジタル知見を有する事業者と提携したスキームで事業進出を進めているのが大勢である。

図表2－3　地方銀行によるDXコンサルティング事業（IT高度化ツール導入支援を含む）への進出状況

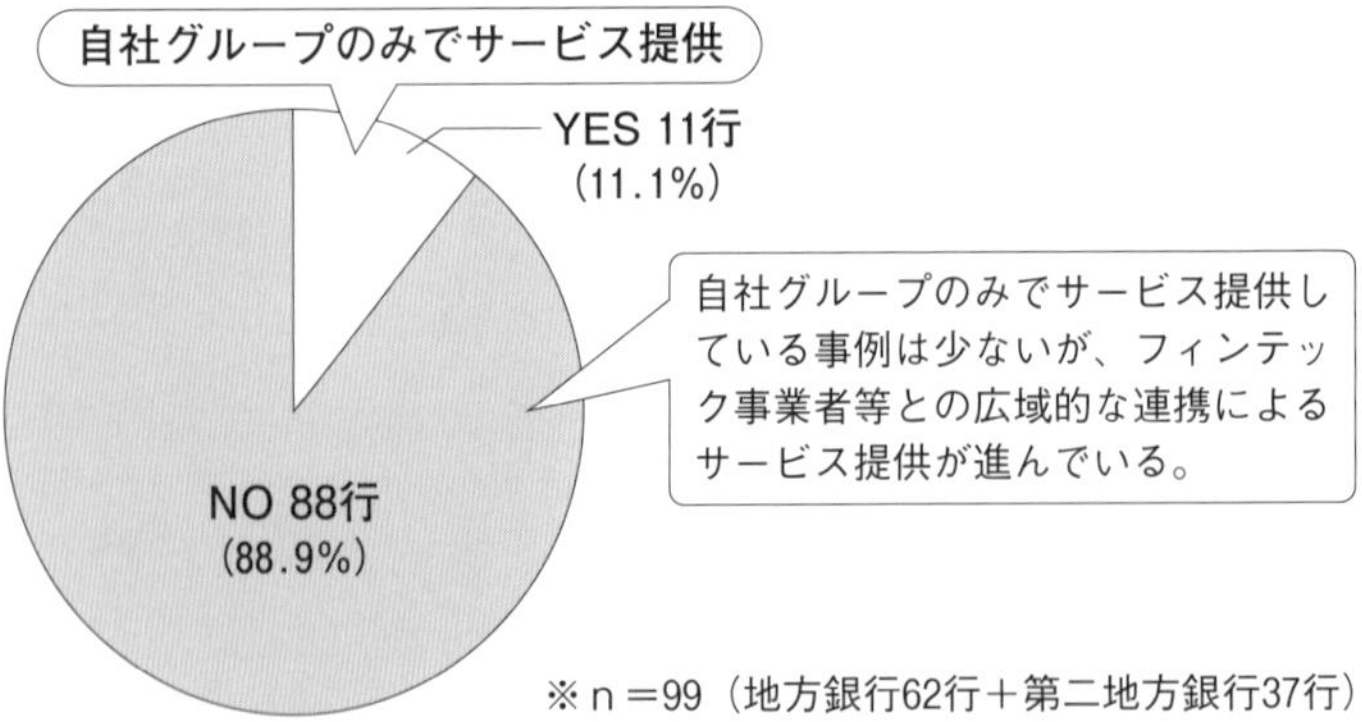

■フィンテック事業者やITベンダーとの連携例

金融機関	連携先	サービス概要
横浜銀行等83社＊	ココペリ	チャットツール導入等
常陽銀行等21行	インフォマート	オンライン請求ツール
静岡銀行等19行	マネーフォワード	DX支援ポータルサービス
大垣共立銀行	日本マイクロソフト	銀行拠点におけるDX相談

＊83社には、信用金庫や信用組合も含まれる。
（出所）　各行IR資料、ウェブサイト情報をもとに当社作成

こちらも地方銀行と第二地方銀行を対象とした集計だが、**自社グループのみでサービスを提供している割合は1割程度にとどまっている**（筆者調べ）［図表2－3］。一方、地域金融機関同士でのアライアンスや、マネーフォワードなどに代表される外部のフィンテック関連業者との連携によってサービス開発・提供をしている事例もみられ、**事業に必要なケイパビリティを外部とのアライアンスによって補完している**現状がうか

がえる点は、前述の人材紹介事業と同様である。

第1章で解説した通りデジタル技術は日々進化しており、地域金融機関が単独で新技術をキャッチアップしつつデジタル知見や成功事例をためサービス提供を自社で内製化して取り組んでいくには時間がかかり、R&D活動に割くリソースや投資余力にも限界がある。対して自社内や取引先、地域社会のDXニーズは変化が激しく日々高まっているため、自社DXと取引先DXが同時並行で進んでいるケースも昨今ではよく聞かれる。また、地域金融機関によっては、システムの更新や導入を行うIT子会社にAIやRPAなどの先端技術の知見を集約し、IT子会社をDXコンサルティング会社に位置付けて（役割を高度化し）サービス提供を行っている事例もみられる。

今後、特にDXコンサルティングやSaaS製品などを用いたクイックな業務／営業改革などのDX関連の事業は他業界も巻き込みながらますます活発化してくるものと想定され、顧客はより高度なデジタルソリューションを求めてきている。それに応えるためには、さらなるキャッチアップやアライアンス戦略が各地域金融機関で必要になってきているといえよう。

③　地方創生関連事業――収益化は道半ば

3つ目は〝地方創生関連事業〟である。地方創生、地域活性化などの目的のもと、各地の地域金融機関で地域商社やDMO（注1）といった事業への進出が進んでいる。地方創生のニーズに直球で応えることのできる、社会的意義も兼ね備えた事業である。なかでも地域商社は地方活性化の担い手の中核と位置付けられており、地域社会からの期待が高まっている。

地域商社の一般的なビジネスモデルは、地域の魅力ある産品を開発・発掘して都市圏や海外への販売を行い、地域外からの収益を獲得することで地域経済の活性化を図る事業と一般的に理解されている（注2）。地域金融機関には、物品のトレーディング（仕入れて売る）などの商社ビジネスの知見はないものの、金融コア業務で獲得した地域内企業とのリレーションやネームバリューを最大限に活用して事業を展開することができるため、近年、各地で積極的な事業進出が続いている。**銀行業高度化等会社の仕組みを使って100％出資子会社として設立する事例が増えている**ことも本事例の特徴である。

地方銀行と第二地方銀行を対象とした集計では**4割程度が既に進出済み**（筆者調べ）であり［図表2－4、2－5］、筆者が知る限りほかにも複数の地域金融機関において具体的な事業進出に向けた検討が進んでいる。また、2022年7月には、信用金庫として初の地域商社設立事例となる〝株式会社イーストフロント北海道〟が**大地みらい信用金庫**により設立された。そして同月に、〝京都アンプリチュード株式会社〟が**京都中央信用金庫**により設立された。それぞれ、出資比率は100％である。

2020年以降、日本各地で地域商社として設立される事例はそのほとんどが地域金融機関の

図表2－4　地方銀行による地方創生関連事業（地域商社・DMO）への進出状況

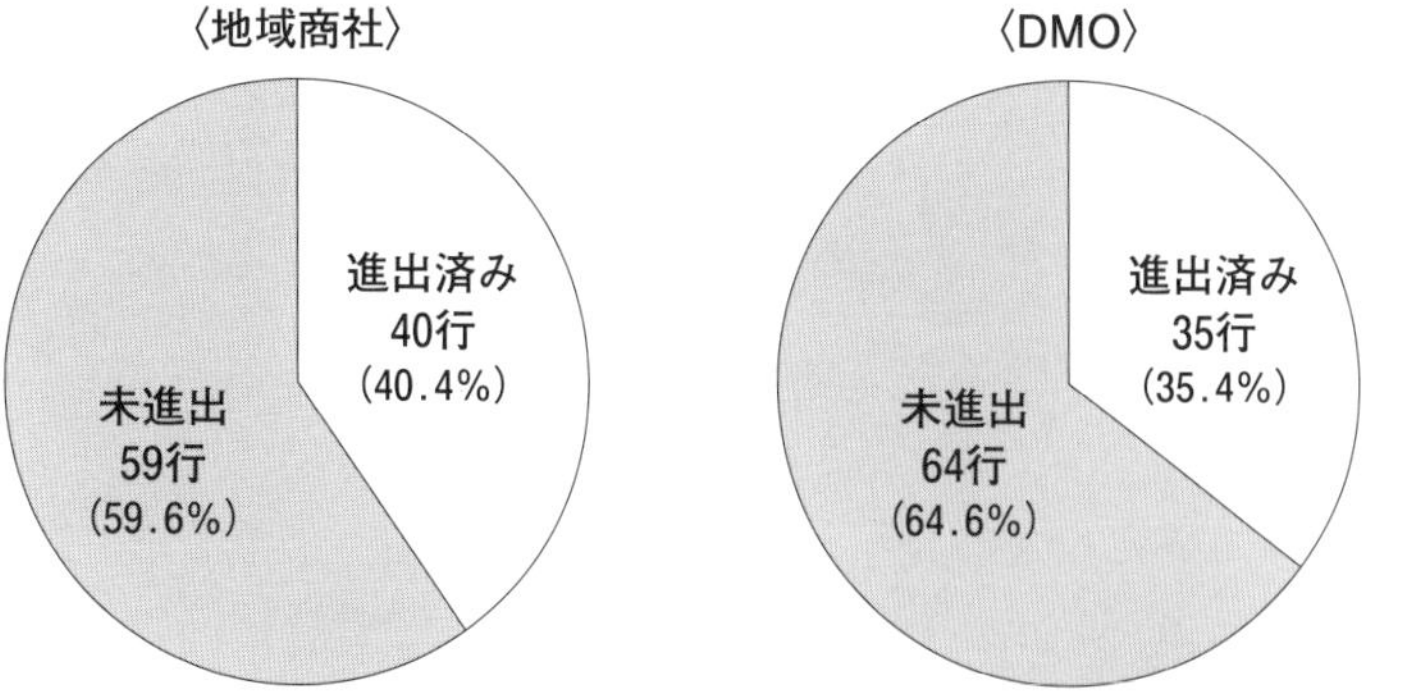

※ｎ＝99（地方銀行62行＋第二地方銀行37行）

うち、銀行業高度化等会社による地域商社・DMOへの進出事例：13行

地域商社とDMOの両事業への進出：19行

■**進出年**（地域商社＋DMOの75件を集計）

DMOメイン　　地域商社メイン

～2016年	2017年	2018年	2019年	2020年～
30件	3件	3件	15件	24件

（注）　地域商社：合弁での設立事例は各行ごとに1カウント。
　DMO：地域内DMOの運営支援や、他の地域金融機関との合同プロジェクトを含む（その場合は各行ごとに1カウント）。

（出所）　各行IR資料、ウェブサイト情報をもとに当社作成

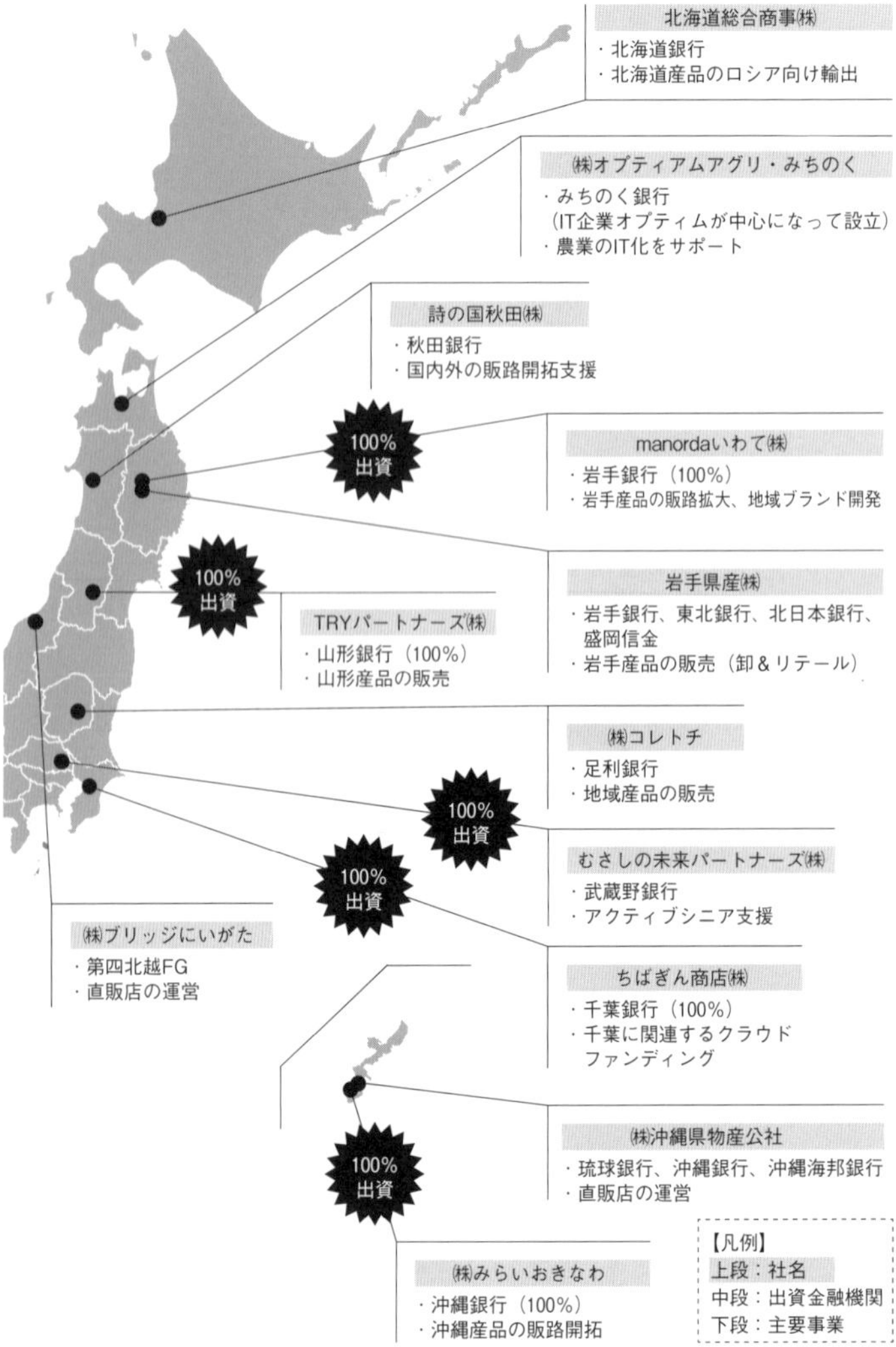
北海道総合商事㈱
・北海道銀行
・北海道産品のロシア向け輸出
㈱オプティアムアグリ・みちのく
・みちのく銀行
（IT企業オプティムが中心になって設立）
・農業のIT化をサポート
詩の国秋田㈱
・秋田銀行
・国内外の販路開拓支援
100%出資
manordaいわて㈱
・岩手銀行（100%）
・岩手産品の販路拡大、地域ブランド開発
100%出資
TRYパートナーズ㈱
・山形銀行（100%）
・山形産品の販売
岩手県産㈱
・岩手銀行、東北銀行、北日本銀行、盛岡信金
・岩手産品の販売（卸＆リテール）
㈱コレトチ
・足利銀行
・地域産品の販売
100%出資
100%出資
むさしの未来パートナーズ㈱
・武蔵野銀行
・アクティブシニア支援
㈱ブリッジにいがた
・第四北越FG
・直販店の運営
ちばぎん商店㈱
・千葉銀行（100%）
・千葉に関連するクラウドファンディング
㈱沖縄県物産公社
・琉球銀行、沖縄銀行、沖縄海邦銀行
・直販店の運営
100%出資
㈱みらいおきなわ
・沖縄銀行（100%）
・沖縄産品の販路開拓
【凡例】
上段：社名
中段：出資金融機関
下段：主要事業

図表2－5　地域金融機関による地域商社への主な出資状況

岐阜県名産販売㈱
・十六銀行、大垣共立銀行、岐阜信金
・岐阜産品の販売（卸＆リテール）
㈱地域商社とっとり
・山陰合同銀行、鳥取銀行、鳥取信金
・鳥取産品の販売（卸＆リテール）
㈱あきんど太郎
・鳥取銀行
・地域ブランディング、IT化支援
㈱せとのわ
・中国銀行
・特産品開発・販売
㈱たびまちゲート広島
・広島銀行
・旅行業・小売業
地域商社やまぐち㈱
・山口FG
・特産品開発・販売
㈱春一番
・鹿児島銀行
・農産物の生産・加工・販売
㈱ふじのくに物産
・静岡銀行
・商品企画、開発
三十三地域創生㈱
（旧㈱ネーブル・ジャパン）
・三十三銀行
・販路開拓支援・婚活支援
100%
出資
Shikokuブランド㈱
・伊予、阿波、百十四、四国（各25%）
・四国産品の販路開拓

出資によって設立されている。地域の持続的成長や地域への貢献を第一義とする地域金融機関にとって、地域商社はその義を果たすためのうってつけの事業であり、今後も地域商社進出の流れが継続していくものと想定される。一方で、義を優先するがあまり**〝とりあえず作ってみた〟的な発想で事業進出しているケースもあり、収益化が果たせている事例や成功モデルといわれる事例はほとんどない。**クラウドファンディングなどの金融機能を加えることで収益化を図ったり、事業のスケールやビジネスモデルを再考したりするような例もみられるが、道半ばである。地域商社事業やＤＭＯ、観光事業への進出を具体的に検討している、あるいはバリューアップを目指している地域金融機関は多いと思われるが、事業計画はよく検討したうえで事業化を推進することを強くお勧めする（注３）。

このように、総合サービス化を実現するための手段としての非金融事業への進出は、人的リソース・知見不足などの課題もありながらも各地で着実に進み始めている。基本的な潮流としては、顧客や地域のニーズに応えるため、①従来の金融事業の領域で培ったリレーションや人材などのアセットを活用するか、あるいは②足りないアセットを外部のフィンテックやスタートアップなどの企業や他の地域金融機関とアライアンスを組むことによって補い、非金融事業の領域へ徐々に拡大しているという状況である。

では、地域金融機関は具体的にどのような非金融事業への進出の取組みを進めているのだろうか。ここから、総合サービス化に資する具体的な取組みの参考事例として、「全方位的な取組み」「人材事業」「DXコンサルティング事業」「地域商社事業」「地方創生への取組み」「再生可能エネルギー事業」「デジタルバンク」への進出事例を取り上げて考察したい。

全方位的な取組み——銀行を頂点とする経営からの脱却

地銀初の〝単独〟持株会社——ひろぎんホールディングス

株式会社ひろぎんホールディングスは、2020年10月、広島銀行が持株会社制に移行することで発足した銀行グループである。筆者調べで、全国の地域金融機関のなかで総合サービス化を志向して〝単独〟持株会社制へ移行した初の事例である。

ひろぎんホールディングスに続き、2021年10月には北國銀行が北國フィナンシャルホールディングスを、沖縄銀行がおきなわフィナンシャルグループを、十六銀行が十六フィナンシャルグループを、広島銀行と同様に単独持株会社制のスキームでそれぞれ発足させた。2022年10月にも静岡銀行、中国銀行、伊予銀行が持株会社制に移行し、足許では地域の一番手行7行が総合サービス化を目指して持株会社へ移行することとなった。また、2022年10月には、京都銀行が2023年10月に単独持株会社に移行すると発表している。

もともと広島銀行は、持株会社への移行前も、リース、証券などの金融関連事業へと業容を拡大させて銀行を中心とした金融グループを形成しており、広島銀行を頂点としてリース・証券・クレジットカードなどの金融系の事業会社を傘下に収めていた。これが、持株会社発足と同時にひろぎんホールディングスを頂点として、傘下に銀行、証券、リース、サービサー、投資ファンドを並列に配置。銀行を頂点とする経営からの脱却を図った。

グループ内の連携を緊密にすることでグループシナジーの最大化を目指した動きといえるが、本質は、地域社会・顧客とのリレーション・繋がりを強化することで、彼らの課題・悩み事を深い次元で理解し、これらを解決する最適なソリューションをグループの総合力をもって提供することで地域社会・お客さまの課題解決・持続的成長に資するという点にある。ひろぎんホールディングスではこの動きを「地域総合サービスグループ」と呼び、金融、非金融を含めたトータルソリューションを顧客に対して提供していくグループを目指すことを標榜した【図表2−6】。まさに、本章の冒頭で解説した、顧客ニーズに応じて、金融コア事業を中心として金融関連事業から非金融事業へと総合サービス化を積極的に推進している事例といえる。

広島銀行は、持株会社に移行した2020年の時点で総合サービス化の重要性に着眼し、取

図表2－6　ひろぎんホールディングスの目指す方向性

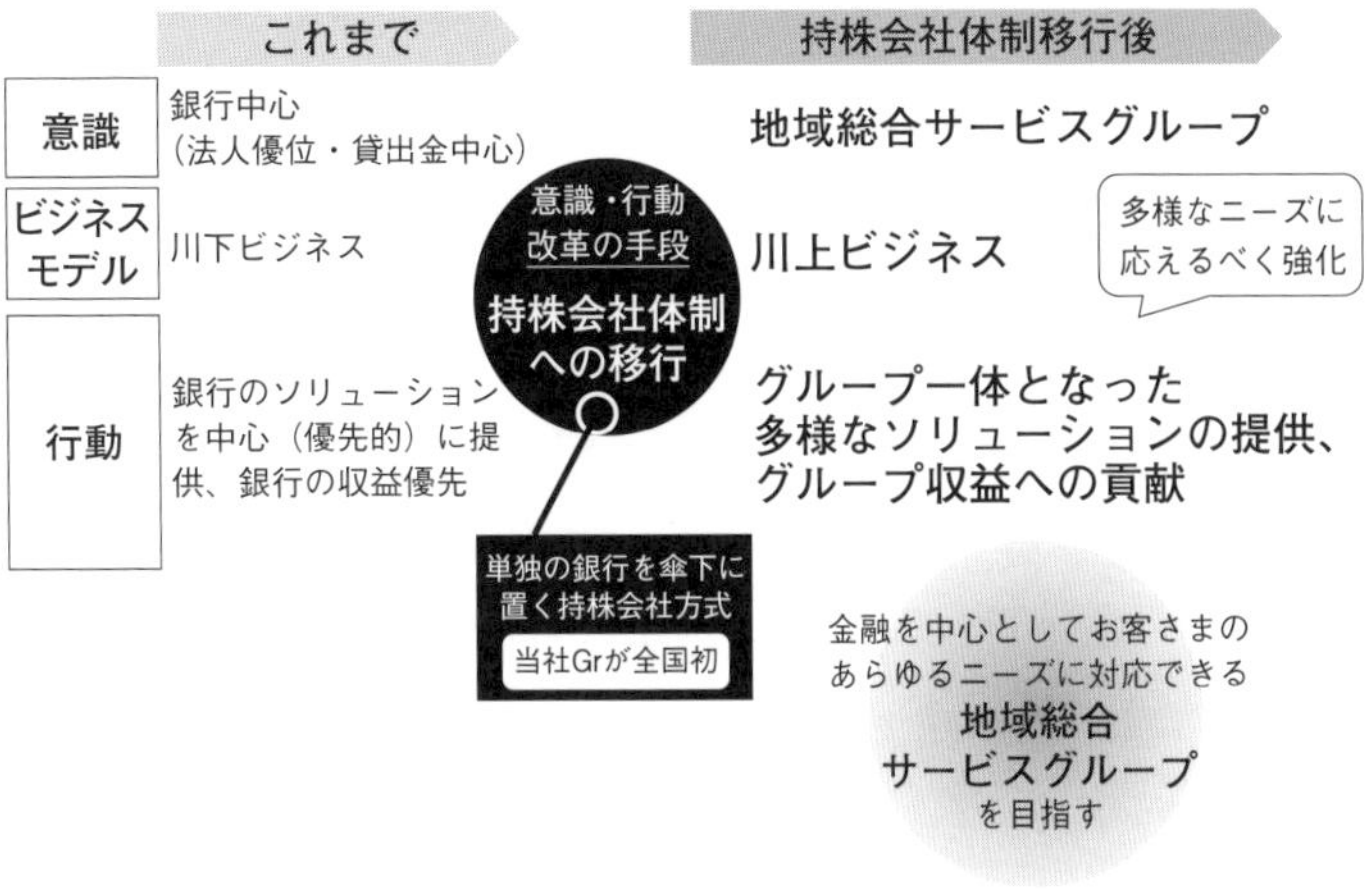

（出所）　ひろぎんホールディングスIR資料より作成

組みを進めてきた先進的な事例といえる。持株会社体制への移行後の2021年に、システム導入などIT事業や総務・経理・人事などバックオフィス系のBPO（注4）事業を行うひろぎんITソリューションズ株式会社、地方創生に関するコンサルティングを行うひろぎんエリアデザイン株式会社、人材派遣・人材紹介など人材事業を行うひろぎんヒューマンリソース株式会社を設立、これら非金融事業を行う事業会社をひろぎんホールディングスの子会社として配置し銀行と並列に位置付け、業務範囲の拡大を進めた。

2022年10月1日現在、ひろぎんホールディングスは、傘下に金融連結子会社を9社、非金融連結子会社を3社擁している［図表2－7］。

図表２－７　ひろぎんホールディングスの体制

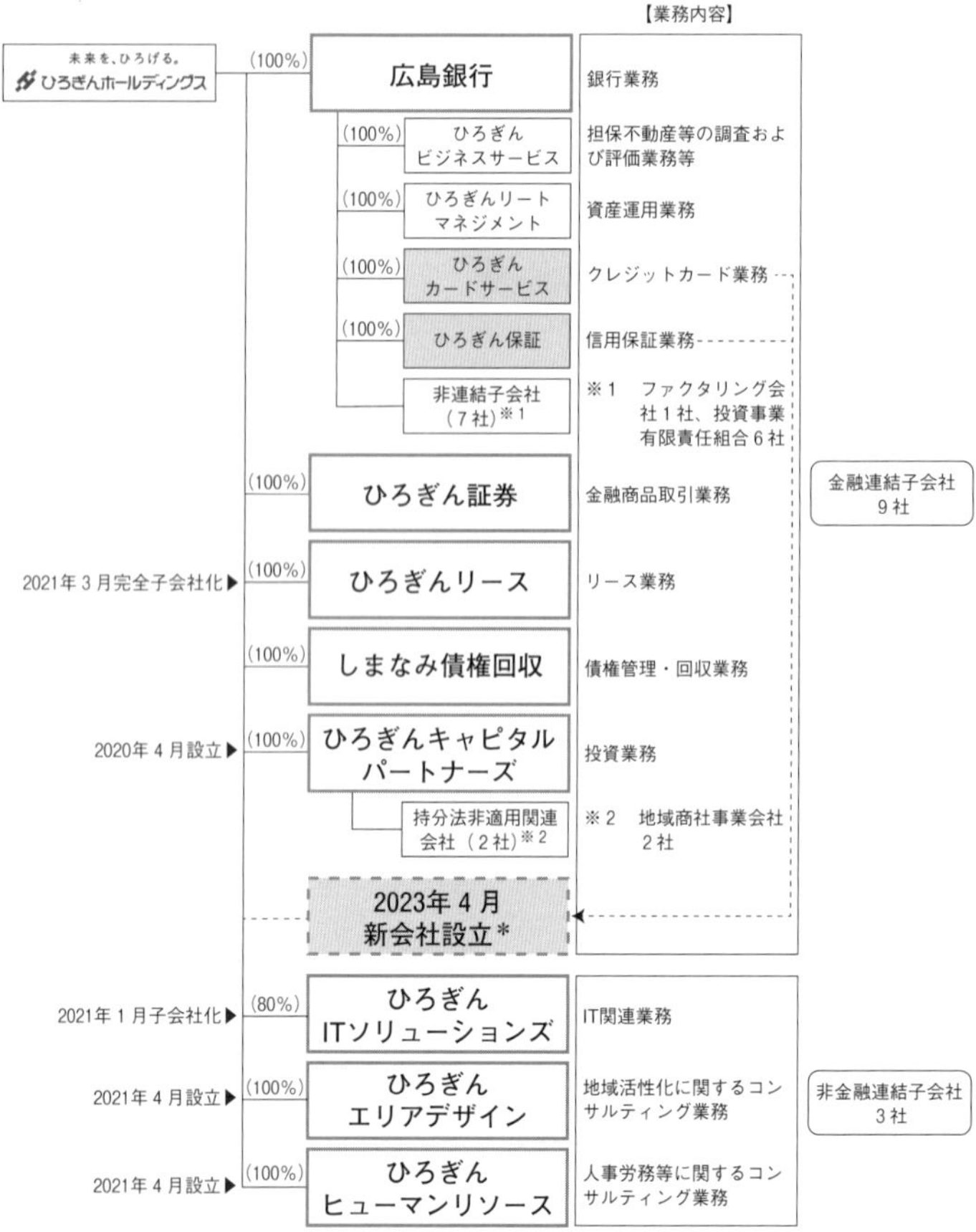

（注）　2022年10月１日現在。

＊2023年４月、ひろぎん保証はひろぎんカードサービスを吸収合併し、商号をひろぎんクレジットサービスに変更。

（出所）　ひろぎんホールディングスIR資料より作成

図表2－8　ひろぎんホールディングスのグループ会社の主な取組み

	金融・非金融ニーズ	ソリューションの主体	実績　＊22年度・23/3末		【参考】持株会社体制移行（20/10）後の累計
金融連結子会社	資産運用	証券	金融商品仲介口座数	28,624口座（22/3末比＋2,503）	20/9末比＋7,581口座
	設備投資・リース活用	リース	取引先数	6,412先（22/3末比＋88）	20/9末比＋254先
	債権買取	しまなみ債権回収	落札先数	252先（21年度比△50）	20/10以降776先
	資本増強（事業承継・事業再生）	キャピタルパートナーズ	出資残高（ファンド・プリンシパル出資合計）	37億円（22/3末比＋８）	20/9末比＋36億円
非金融連結子会社	人材確保・人事制度構築	ヒューマンリソース（2021年４月新規設立）	顧問契約社数	81社（22/3末比＋50）	21/4月以降＋81社
	ICT・業務効率化	ITソリューションズ（2021年１月子会社化）	案件成約件数	203件（21年度比＋103）	21/1月以降316件
	地域課題解決	エリアデザイン（2021年４月新規設立）	期中受注案件	22件（21年度比＋３）	21/4月以降41件

（出所）　ひろぎんホールディングスIR資料より作成

特に地方創生に力を入れている点に特徴があり、2020年4月に設立したひろぎんキャピタルパートナーズ株式会社は地方創生に資する、事業再生、事業承継、VC投資、地域活性化を目的とした4本のファンドを運営している。投資実績としても、地域商社事業を運営する株式会社たびまちゲート広島への出資を通じた地域の事業者支援、広島空港の運営を行う広島国際空港株式会社への出資を通じた地域の魅力発信・観光振興などの実績を重ね、地域の持続的成長への取組みを進めている。

顧客ニーズに応じて金融事業、金融関連事業、非金融事業の様々なサービスをワンストップで提供することで、ひろぎんホールディングスはグループ一体となった「地域総合サービスグループ」への変革を着実に推進しつつある【図表2－8】。

新制度「認定銀行持株会社」で事業拡大をスピーディーに――しずおかフィナンシャルグループ

静岡県は日本のほぼ中心に位置する。東西に東海道新幹線や東名自動車道・新東名高速道路が横断しており、地理的にも移動時間的にも首都圏や名古屋圏に近く、日本を代表する企業であるスズキ株式会社（浜松市）やヤマハ株式会社（浜松市）などを中心に機械産業・製造業が発達している土地柄である。同地に根差す地域金融機関が静岡銀行であり、東京商工リサーチによる調査（注5）によると静岡銀行をメインバンクとする静岡県内の企業は1万6987社で県内シェア39・47%と、2位の浜松いわた信用金庫の10・47%（4496社）を大きく引き離し、地域において圧倒的なシェアを誇る。

一方で、静岡県の人口は約358万人（2022年）を数え全国10位であるが、人口減少が続いている。機械産業や製造業が強い土地柄であることから企業城下町としての色合いも濃く、大手企業の下請けや孫請けなど多重下請け構造に組み込まれている企業が多くある。事業の安定的な維持・継続・承継に関するニーズが相応に高いものと推察されることに加えて、これらモノづくりの技術を使った新産業や新技術の創出などのニーズも同じく高いものと推察される。

かかる環境のもと、顧客ニーズにグループ総合力で応えるための事業領域の拡大（本書でいうところの「総合サービス化」と同趣旨）とガバナンス強化などを目的に、2022年10月3日、株式会社しずおかフィナンシャルグループが発足した。

スキームは、ひろぎんホールディングスと同様、静岡銀行による単独での株式移転による単独持株会社への移行である。これにより、従来静岡銀行傘下であったグループ各社は、①しずおかフィナンシャルグループの傘下に格上げされて持株会社によるガバナンスのもと静岡銀行と並列に位置付けられるグループと、②引き続き静岡銀行の傘下にとどまり従来と同様に銀行

図表２－９　静岡銀行の持株会社体制への移行

（注）　しずおかフィナンシャルグループは、2023年２月にソフトウェア開発、人材派遣事業を営む「ティージェイエス」を完全子会社化している。また、2023年７月に電通グループとともにマーケティング支援を行う「SFGマーケティング」を設立する予定である。

（出所）　しずおかフィナンシャルグループ「SFG REPORT（2023年３月期営業の中間ご報告）」より作成

のガバナンスによる経営が行われるグループに分類された［図表2－9］。①のグループは、静銀リース株式会社（リース業）、静銀キャピタル株式会社（ベンチャーキャピタル）、静銀ティーエム証券株式会社（証券業）、マネックスグループ株式会社（注6）（証券業を中心とする金融持株会社。持分法適用関連会社）に加えて、非金融事業を営む静銀経営コンサルティング株式会社（コンサルティング業）があり、グループにおける存在感を高めて銀行依存の経営からの変革が期待されている。

各グループに属する企業の役割としては、以下が期待されている。

しずおかフィナンシャルグループ（持株会社）：グループ全体経営戦略の策定・統括。グループ間における最適なリソースの配分。

① 持株会社の子会社：自ら事業領域や顧客基盤を拡大。サービスの多様性・専門性の高度化。

② 銀行の子会社：グループ各社との連携をさらに強化。商品・サービスの拡充、業務品質の向上。

しずおかフィナンシャルグループは持株会社としてグループ全体を統括する。その統括のもと、①の企業群は持株会社化を機に、これまでの銀行傘下から銀行並列に格上げされたことで、銀行依存から脱却した〝独立採算〟での収益基盤、サービス拡大による企業変革を実現して、グループ全体の成長を加速させる役割を担う。②の企業群は銀行・グループとの連携によるシナジーの追求によってグループ全体の成長に貢献する。今後、特に①の企業群は経営の自由度が高まる一方で、採算性がシビアに求められる結果となると想定される。

2022年10月3日、しずおかフィナンシャルグループは2021年11月の銀行法改正により新設された制度である「認定銀行持株会社（注7）」の認定を受けたことを対外発表した。これにより、地域商社など一定の非金融事業を営む会社を子会社化とする場合に届出のみでスピーディーに実施できる体制が整い、非金融事業拡大の追い風になると期待される。現在、しずおかフィナンシャルグループで非金融事業を提供する機能を有する会社は、静銀経営コンサルティング株式会社や静銀ITソリューション株式会社などまだ限られている。地域商社やDXコンサルティング、再生可能エネルギー、脱炭素などの非金融事業のニーズは静岡県内でも高いものと推察され、これら非金融事業のピースを今後、自らの事業進出や地域における既存プレイヤーへの出資などのハンズオンを通じて埋めていくものと推察される。

なお、しずおかフィナンシャルグループの基本戦略としては、**図表2－10**の通り、①地域共創戦略、②グループビジネス戦略、③トランスフォーメーション戦略、④グループガバナンス

図表２−10　しずおかフィナンシャルグループの基本戦略

４つの基本戦略を通じて、社会にインパクトを与えるサステナビリティ指標の達成を目指す

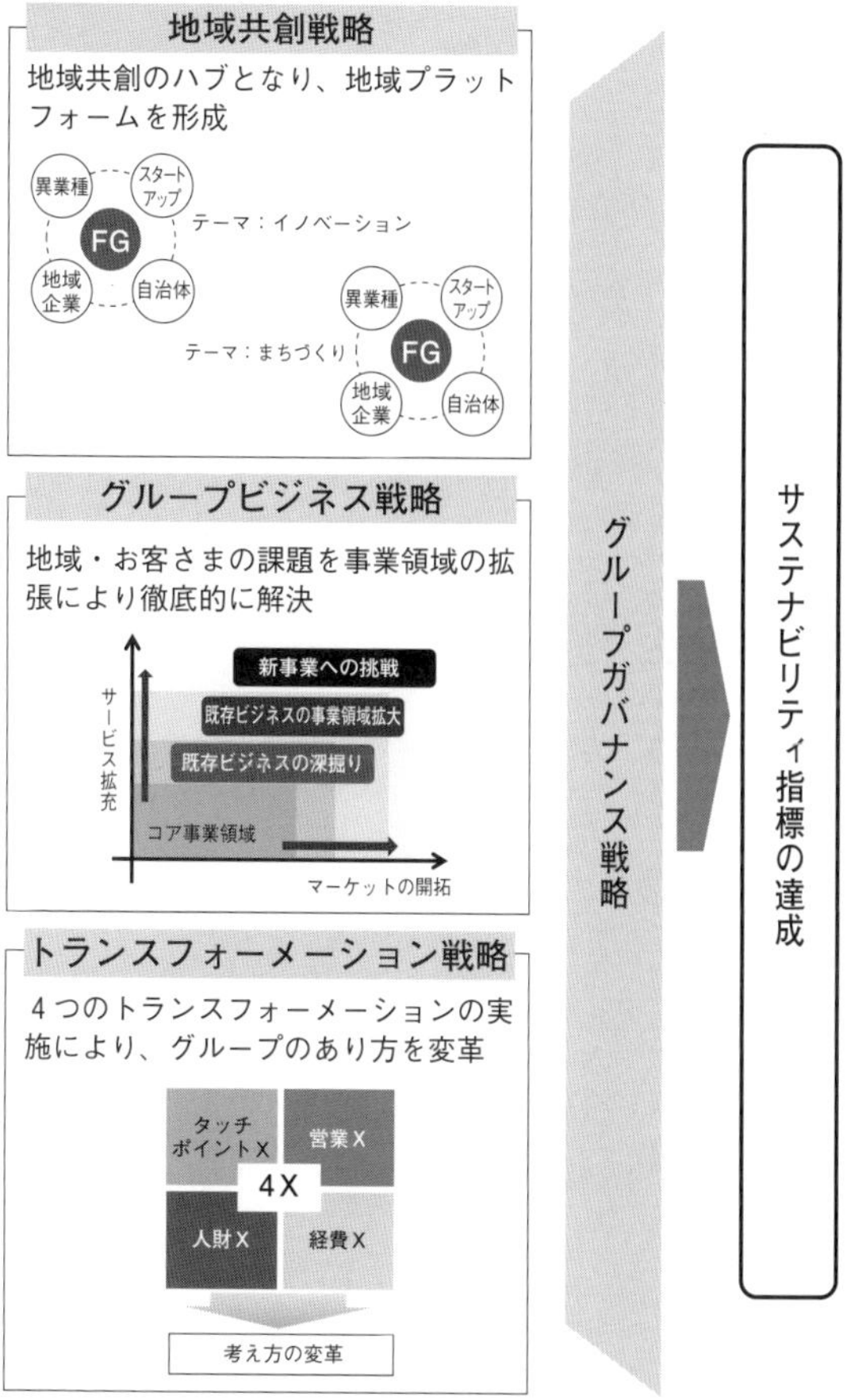

（出所）　しずおかフィナンシャルグループIR資料より作成

戦略の4点があげられている。

総合サービス化を進めるにあたっては、このなかの「①地域共創戦略」に本質があると考えている。地域金融機関が総合サービス化を進めるために全般としていえることであるが、地域金融機関が果たすべき中心的な役割は従来、金融コア事業を中心とした地域社会の「金融のハブ」、つまり地域経済を金融面から支える黒子の立場であり、その後リースやクレジットカードなどに事業を拡大してきたが、そこには制度上「金融」といった制限が付いていた。

それが昨今、潮目が変わってきており、2021年の銀行法改正により決定的になった。全方位的に総合サービス化を進めるにあたって目指すべきは地域の課題解決や持続的成長・発展に役立つ「**地域のハブ**」であり、実現すべきは地域の中心的な存在としての「**地域プラットフォーム**」である。それには金融だけでは不十分であり、非金融を含めた地域社会・顧客の課題解決が必要不可欠な視点である。また、**これまでの黒子だった存在から転換し、一定程度フロント側、メインプレイヤー側のポジションとしての立ち回りが期待される**こととなろう。

この点、しずおかフィナンシャルグループは地域社会や他の事業者との協創・コラボレーションが巧みで「地域のハブ」としての機能が発揮され始めている。静岡新聞社、地域商社の株式会社ふじのくに物産と合弁で2020年6月に立ち上げた、静岡の魅力発信や地場企業間の協創をプロデュースするSHIZUOKA360°という協議会や、山梨中央銀行との地方創生に関する連携協定などがその一端としてみてとれる。
今後のしずおかフィナンシャルグループの定量・定性面での展開に注目したい。

Tips!

子会社の2つの配置スキーム

総合サービス化を目指して持株会社化を実施したと推察される事例は、前述した広島銀行、静岡銀行を含めて、直近3年間で7事例あり、2023年10月に持株会社制への移行を目指していると発表している京都銀行を入れると、全8事例となる［図表2－11］。
持株会社における傘下の子会社の配置の仕方は、次の2パターンに大別される。

① 持株会社の傘下に子会社を完全に並列に設置する形態（北國フィナンシャルホールディングスなど）
② 持株会社の傘下に銀行と並列に子会社を配置するとともに、銀行の傘下にも子会社を設置する形態（おきなわフィナンシャルグループなど）

図表2－11　総合サービス化を目指して持株会社化を実施したと推察される事例

移行時期	持株会社名※	銀行名
2020年10月	ひろぎんHD	広島銀行
2021年10月	北國フィナンシャルHD	北國銀行
2021年10月	十六FG	十六銀行
2021年10月	おきなわFG	沖縄銀行
2022年10月	しずおかFG	静岡銀行
2022年10月	ちゅうぎんFG	中国銀行
2022年10月	いよぎんHD	伊予銀行
2023年10月（予定）	京都FG	京都銀行

※2020年10月以降の事例を集計

①の形態では銀行と子会社が並列に位置付けられることで、子会社側に経営の自由度がある一方で、シビアに収益責任などが付いて回る。銀行に頼った運営が許されないことで責任も大きくなり、それだけ経営者としての能力が要求されることとなる。

一方、②の形態は、銀行の傘下に配置された子会社は銀行ガバナンスのもとで銀行への貢献やシナジーが求められる運営を要求され、子会社単体よりも銀行グループとしてのトータルでの収益が意識されるだろう。あるいは、インキュベーションとして当初は銀行シナジーを前提に事業を運営し、事業規模が拡大してきた段階で持株傘下に格上げするというスキームも考えられる。

また、持株会社化には、外部からの買収防衛に資するとともに、地域内の企業との連携やM&Aなどがやりやすくなり、地域のプレイヤーとともに総合サービス化を目指していけるというメリットも生じる。

人材事業――提携か、それとも内製化か

近年、全国的に企業における人材不足や従業員の離職、後継者難が叫ばれている。有効求人倍率は直近の2022年12月時点で1・35倍と売り手市場であり、各企業とも一様に採用に苦戦している。それに加え、経営者の平均年齢は60・3歳（2021年12月時点、帝国データバンク調べ）と初の60歳超えとなり、高齢化の一途をたどっている。事業の拡大や継続、安定的な事業承継にとって〝ヒト〟の問題が経営課題として極めて重大なものとなっているといえよう。特に地方部においては、人口減少とも相まってより一層厳しい状況にあり、後継者不足による廃業などが聞かれるようになって久しい。採用難により企業活動の拡大や継続に支障が生じるケースは実際に各地で起こっており、働き手不足で地域の経済力が下がり結果的に活気も失われていく。どの地

域でも起こり得る社会課題に対して非金融サービスから取り組んでいる事例として、池田泉州ホールディングスの事例を紹介したい。

ニーズを深掘りして〝地域の人事部〟を目指す――池田泉州ホールディングス

池田泉州ホールディングスは、2009年10月に設立され、傘下に池田泉州銀行をはじめ様々なグループ会社を束ねる銀行持株会社である（注8）。池田泉州ホールディングスの顧客は大阪府・兵庫県という大都市圏が中心であり、特に大阪は人口数も中小企業数も国内屈指の数であり経済規模も東京圏に次ぐ規模を誇る。しかしそれでも多くの中小企業が後継者不足、特に専門人材を中心とする人材不足といった課題を抱えており、その解決が必要であった。そこで2018年12月、**池田泉州銀行が総合人材サービス会社であるパーソルキャリア株式会社と提携することで、地域金融機関として初めて有料職業紹介事業に進出**した［図表2―12］。

主な狙いは、まさに主要な顧客である中小企業の人材不足という課題に応えるという目的とともに、人材ビジネス単体としての一定の収益化を見据えているものと推察される。

池田泉州ホールディングスのビジネスモデルとしては、彼らが抱える数多くの中小企業から、求める人材像・ニーズを抽出・把握し、その人材像・ニーズに基づいた人材紹介をパーソ

図表２－12　池田泉州銀行の「職業紹介業務」のスキーム

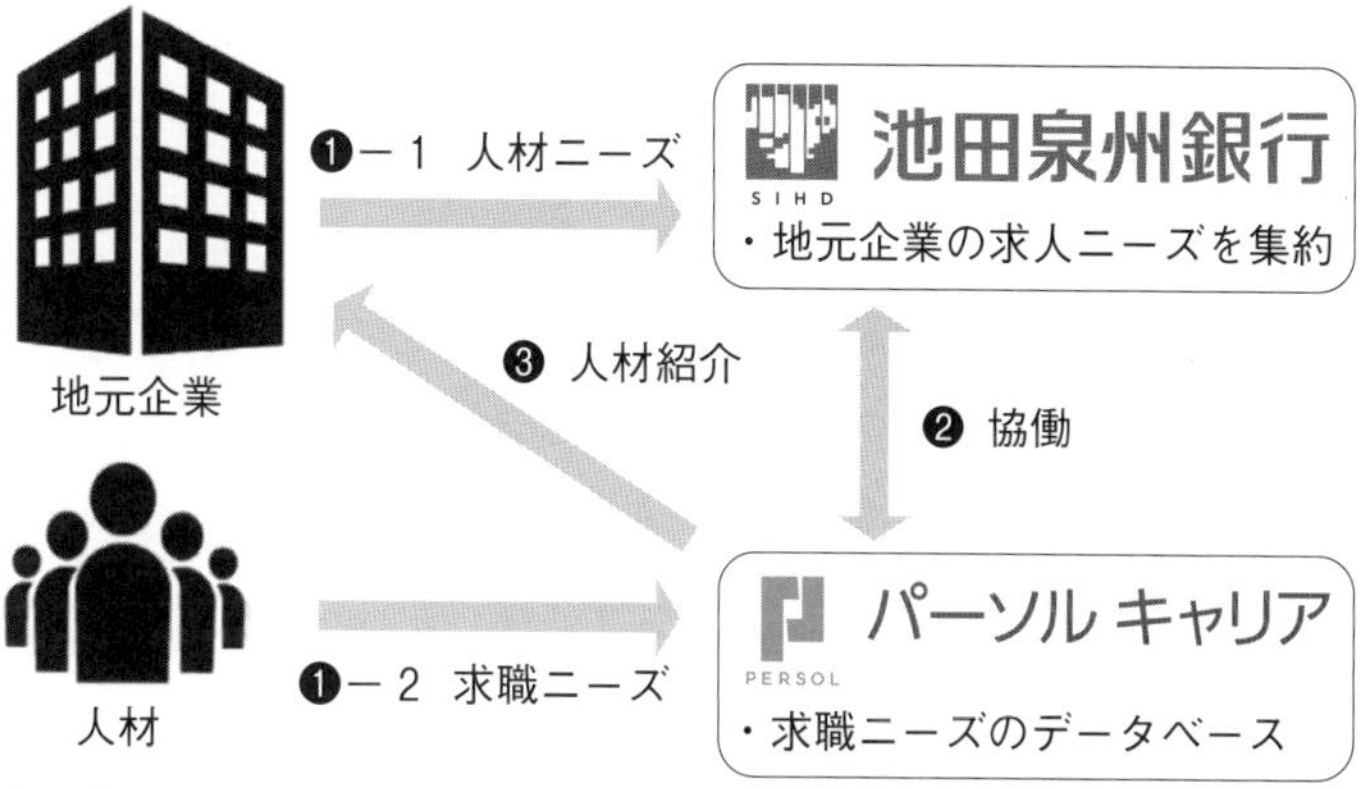

（出所）　池田泉州銀行プレスリリースより作成

ルキャリアと共有しあっせんしてもらうという、いわゆる「ビジネスマッチング」のモデルである。

池田泉州ホールディングスにおける、**企業を対象にした人材紹介に係る取組みの歴史は長く**、その源流は、金融庁監督指針改定により「有料職業紹介事業」が認められる以前に遡る。まず、２０１１年に、大阪府堺市と産業振興連携協定のなかで、新卒の学生に向けた合同企業説明会を実施したことが最初の取組みである。単純に自治体が開催するよりも「地元に密着した銀行」がその主催者に加わることで、求職者側にとって、参加企業に対する安心感や信頼感が高まるという点が大きく、企業側と求職者側からの双方にとって反響・評価を得ることできたと聞かれる。その後、同様のスキームで徐々にすそ野を広げ、２０２３

図表2－13　池田泉州ホールディングスの人材ビジネスの全体感

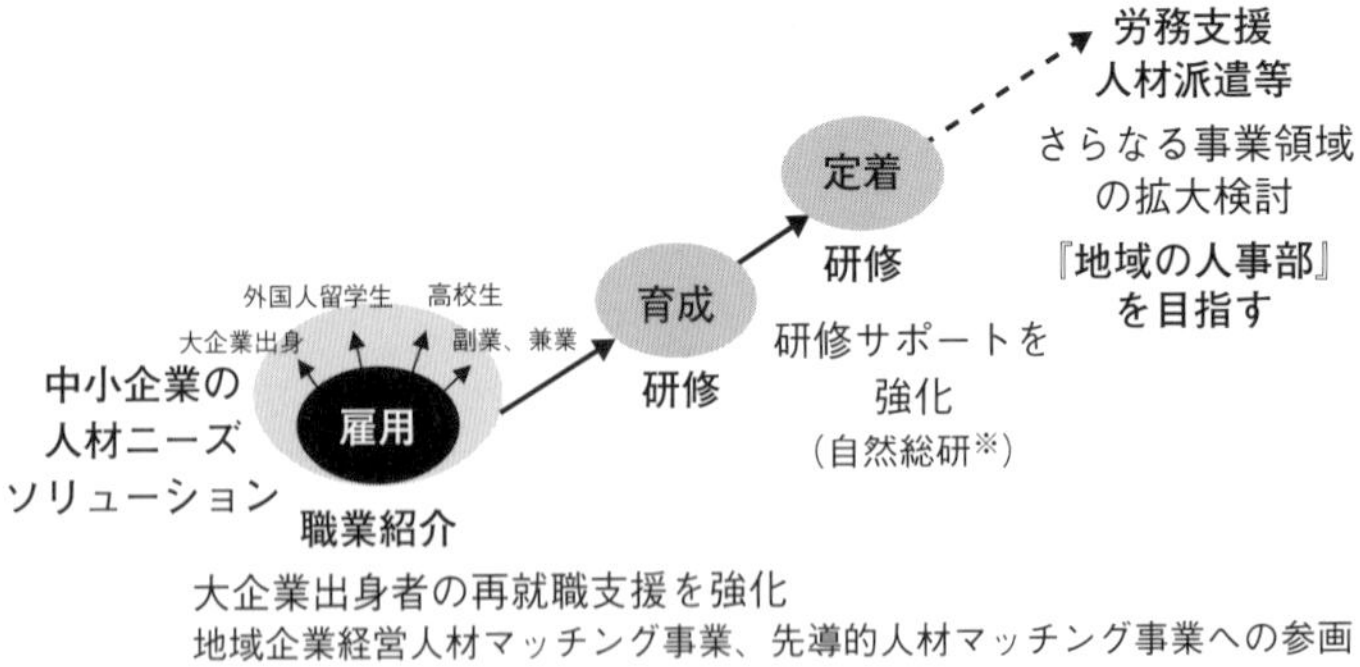

※自然総研：池田泉州ホールディングスのシンクタンク
（出所）　池田泉州ホールディングスIR資料より作成

年現在では、協定を結ぶ自治体は大阪府・市、東大阪市、豊中市、枚方市、吹田市、高槻市、茨木市、八尾市、寝屋川市、岸和田市、泉市等およそ24府市にまで拡大し、毎年数多くの合同企業説明会を開催するに至っている。

また、人材紹介領域の拡大においても特徴がある。中小企業のニーズを基点に多様なセグメントに領域を広げ、細やかな人材紹介に取り組んでいることである。具体的には「外国人留学生の紹介」「経営・専門人材の紹介」や「女性幹部人材の紹介」等である。とりわけ、**「女性幹部人材の紹介」は他の地域金融機関ではあまりみられない**事例である。その背景としては、2021年6月に改訂されたコーポレートガバナンスコードにおける社外取締役の一定割合の登用に関する要請と女性登用の推奨が、多くの顧客企業の女性社外取締役登用におけるニーズを創出した。池田泉州銀行は顧客のニーズを直に把握し、女性向け人材紹介サービスを中心に展開するWaris株式会社へ協働を持ち掛け提携することで、顧客課題に対してクイックな解決ソリューションの提供を実現した。

前述の通り、昨今の採用における売り手市場を鑑みると、求職者は大手企業や急成長中のスタートアップ企業などに流れがちであり、中堅・中小企業にまで、求めているような人材が十分に供給されているとは言い難いのが実態であろう。中堅・中小企業にとっては「そもそも人材が紹介されない」「紹介されたとしても自社に合った人材ではない」などミスマッチが生じていると思われる。これに対し、〝外国人〟〝専門人材〟〝女性〟などの切り口で**セグメントを細かく切ることで人材をいきわたりやすくする試み**は、他の地域で人材ビジネスを展開する地域金融機関にとって大いに参考になるであろう。

池田泉州ホールディングスでの足許での取組みは「人材紹介」領域にとどまっているものの、将来的には労務支援や人材派遣等へさらなる事業領域の拡大検討をしており、**「地域の人事部」**を目指している［図表2－13］。

さて、人材紹介事業自体は、本章の冒頭で解説した通り約9割の地方銀行が進出済みで目立った目新しさはないが、ここで紹介した池田泉州ホールディングスは、自治体、パートナー、そし

て企業といった**様々なステークホルダーを主体的に巻き込みビジネスに繋げてきた**ことが特筆すべきものであると考えている。この点が、まさに池田泉州ホールディングスが標榜する「徹底したソリューションビジネス」が体現された取組みであるといえる。他の地域金融機関には、人材紹介事業を専業とする子会社を立ち上げ人材ビジネス領域を推進する手法をとるところもみられるが、「地域金融機関にとっての人材ビジネス」が自行顧客の「経営支援に紐付いた重要な事業」や「本業とのシナジー」という側面も踏まえると、自行内で進めるのか、それとも専業の子会社を作るのか、一概にどちらが望ましいとは断言できないものと考えている。

ただもう一方で、地域金融機関が**人材ビジネスに取り組むにあたり、どこまでリスクをとるか**という論点がある。人材サービス会社と提携し顧客ニーズにマッチした人材を紹介するいわゆるビジネスマッチングモデルは、どうしても得られる成約手数料が薄く、単体ビジネスでみると収益性は高くないのが実情である。人材ビジネスを、顧客企業の経営立て直し等の金融コア事業とのシナジー創出事業として捉えるのか、単体収益化事業として捉えるのかによって、どの程度事業に踏み込んでリスクテイクするか、リソースをかけるかが変わってくるものと考える。

現在、地域金融機関の多くが、人材サービス会社との提携による「ビジネスマッチング型の人材紹介」を行っているが、求職者側の「より多くの求人がほしい」や中小企業側の「既存人材サービスとは異なる、地域金融機関ならではの着眼点で、自社にマッチする人材を紹介してほしい」等の両側からのニーズ（＝取り組む意義）は十分に考えられる。そのために、池田泉州ホールディングスのように地場のあるいは全国の求職者データを自社で収集・蓄積し、よりニーズにマッチするきめ細かな人材紹介サービスに取り組む、という筋道も地域金融機関には考えられるのではないだろうか。

なお、自社で直接、求職者のデータベースを保有して地域内の求人を扱っている事例としては、そのほか、ひろぎんホールディングス傘下のひろぎんヒューマンリソース株式会社があげられ、こちらも人材ビジネスの拡大事例として参考になるだろう。

DXコンサルティング事業──金融機関への相談ニーズ

現在、多くの地域金融機関が顧客企業に対するDX（デジタルトランスフォーメーション）推進支援を活発化させている。地域における多くの企業はデジタル化に関する必要性の理解や興味がありながらも本業で手一杯の状況である。デジタル人材の不足やノウハウ不足なども相まって、自力でのIT化や業務効率化などのDX推進が難しい状況にあり、専門業者に発注しようとしても、市場に数多あるDX支援業者のなかから自社に合った業者を目利きする力を持っていない。

これに対し、日常で取引があり、自分たちのことを〝よく知っている〟地域金融機関からDXコンサルティングサービスが受けられるのは、顧客にとって手間が省け、失敗に終わるリスクが軽減されるなどメリットが大きい。

各地の地域金融機関は顧客のDX支援を通じて地域のDXを推進していくことなどを目的にDXコンサルティングに注目し、自行単独あるいはフィンテック業者などと連携してサービス提供を進めているが、ここではDXコンサルティングに特に注力している地域金融機関の1つである肥後銀行の取組みを紹介したい。

デジタルを活用して社会課題を解決——肥後銀行（九州フィナンシャルグループ）

肥後銀行は、九州フィナンシャルグループ（注9）傘下の銀行であり、熊本県に根差した地域金融機関である。また県内企業のメインバンク先としてはシェア58・5%（帝国データバンク調べ。2022年時点）と県内トップシェアを持つ。肥後銀行は2021年7月に「肥後銀行DX計画」を公表し、同年11月に経済産業省の「デジタルトランスフォーメーション（DX）認定（注10）」を取得するなど、近年、DXコンサルティングの本格的な展開を進めている【図表2－14】。

図表2－14　肥後銀行におけるDX施策

新たな体験・サービスの提供【法人のお客さま】

①　地域企業のお客さまのDX支援

✓専門のコンサルティングチームによりDXをご支援
✓関連会社と連携し、ICTに関する課題を解決

③　経営支援ソリューションの提供

✓フィンテック企業等と連携し企業業務の効率化をご支援
✓銀行をプラットフォームとしたマッチングサービスの展開

②　融資審査におけるデータ活用の多様化

✓他行データ、銀行外データを活用し、幅広いお客さまの幅広い資金需要をサポート

新たな体験・サービスの提供【地方公共団体、地域社会のお客さま】

①　地域社会のDX支援

✓地方公共団体窓口や地域社会のキャッシュレス推進
✓地方公共団体のDX支援

②　新たな課題解決ビジネスの創出

✓孤立する集落や一人暮らしのお年寄りの不安の解消
✓災害への備えを支援
✓デジタル弱者を包摂するサービスの開発
✓マイナンバーの活用　等

（出所）　肥後銀行IR資料より作成

法人顧客に対しては、ＤＸ支援やＩＣＴ導入、業務の効率化、デジタル空間での集客マッチングサービスなどを提供。また、地方公共団体に対しても、ＤＸ支援やキャッシュレス化の推進だけでなく、デジタルを活用した高齢者支援・災害対策などの新たな課題解決型ビジネスの創出支援に積極的に取り組んでいる。地域金融機関のＤＸコンサルティングは、法人顧客向けサービス提供であることが一般的だが、**デジタルを活用した社会課題の解決にまで踏み込んでいる例は珍しい。**

このような取組みの推進にあたっては、ベースとして業務効率化・ＩＴ導入などのコンサルティングノウハウや先進的かつ多様なデジタル知見が必要となるが、肥後銀行では、①ＩＴソリューション保有企業との協業、ならびに②自行ＤＸ推進体制の整備という両輪を推し進めることでリソースを補完し、サービス化を実現している。

①　グループ内のＩＴソリューション保有企業との協業

九州フィナンシャルグループは、２０２２年４月、肥後銀行の子会社であった九州デジタルソリューションズを同社の完全子会社へ移行した。九州デジタルソリューションズは、２０２１年11月に肥後コンピュータサービスが〝地域のＤＸを担う会社〟を標榜して社名変更した会社であり、ＥＲＰや業務システム、ＣＲＭ（Customer Relationship Management：顧客コミュニケーション）・ＳＦＡ（Sales Force Automation：営業支援）等のデジタルマーケティングツールなど、様々な領域のシステム・ソリューションの導入実績を持つ。2022年10月に鹿児島事業所を開設し、九州全域に事業領域を拡大している。

②　自行DX推進体制の整備

肥後銀行では、自行DX推進体制の整備にあたって、「委員会の設置」「DX推進人材」「マインドセット」という3つの機軸を掲げている。特に、肥後銀行ならではの取組みとして、「DX推進人材」に着目したい。肥後銀行は「DX推進人材」を次の6つのカテゴリーに分けて、人材開発を推し進めている。

①　プロデューサー（DXやデジタルビジネスの主導）
②　ビジネスデザイナー（DXの企画・立案・推進など）
③　UI／UXデザイナー（ユーザー向けデザイン担当）
④　データサイエンティスト（AIなどのデジタル技術やデータ解析）
⑤　アーキテクト／プログラマー（DXに関するシステム設計）
⑥　DXコンサルタント／アドバイザー（地域事業者向けDX推進）

2023年度までに100名、2030年をめどに1000名規模（従業員の5割）のDX

推進人材の育成・登用を見据えており、自行行員に対するＩＴパスポートをはじめとする関連資格の奨励やベースとなるＤＸ意識醸成教育、さらに外部専門人材の採用などを積極的に進めることとしている【図表2―15】。ＤＸ推進に関して公表されている各種の調査で、ＤＸ推進の課題として上位にランクされることが多いのは、ＤＸに関する高度専門人材の不足や教育、育成計画の未整備、ＤＸ関連部署の不足、権限の曖昧さなど人や組織に関する部分である。肥後銀行は、この課題に着目して打ち手をいち早く打っているといえよう。

データとデジタルテクノロジーを使いこなし、「デジタル先進企業」へと変化するために、全社的なマインドセットの転換も進めている【図表2―16】。

肥後銀行の属する九州フィナンシャルグループは「地域価値共創グループ」というビジョンを標榜し、地域産業に対する多角的な支援を志向している。その観点で、ＤＸコンサルティングの取組みにおいても、部分的なＤＸコンサルティングにとどまらず、地域全体（企業と自治体、その先の顧客）へのＤＸコンサルティングを見据えた計画づくりをしている。また、体制整備についても、一定の時間を要する内部人材の強化だけでなく、積極的にグループ内ＩＴ企業との連携を進めている。この点がＤＸコンサルティングをクイックに展開できているポイントであり、他の地域金融機関でも参考にできるだろう。

図表２－15　肥後銀行における2030年に向けたDX推進人材の育成計画

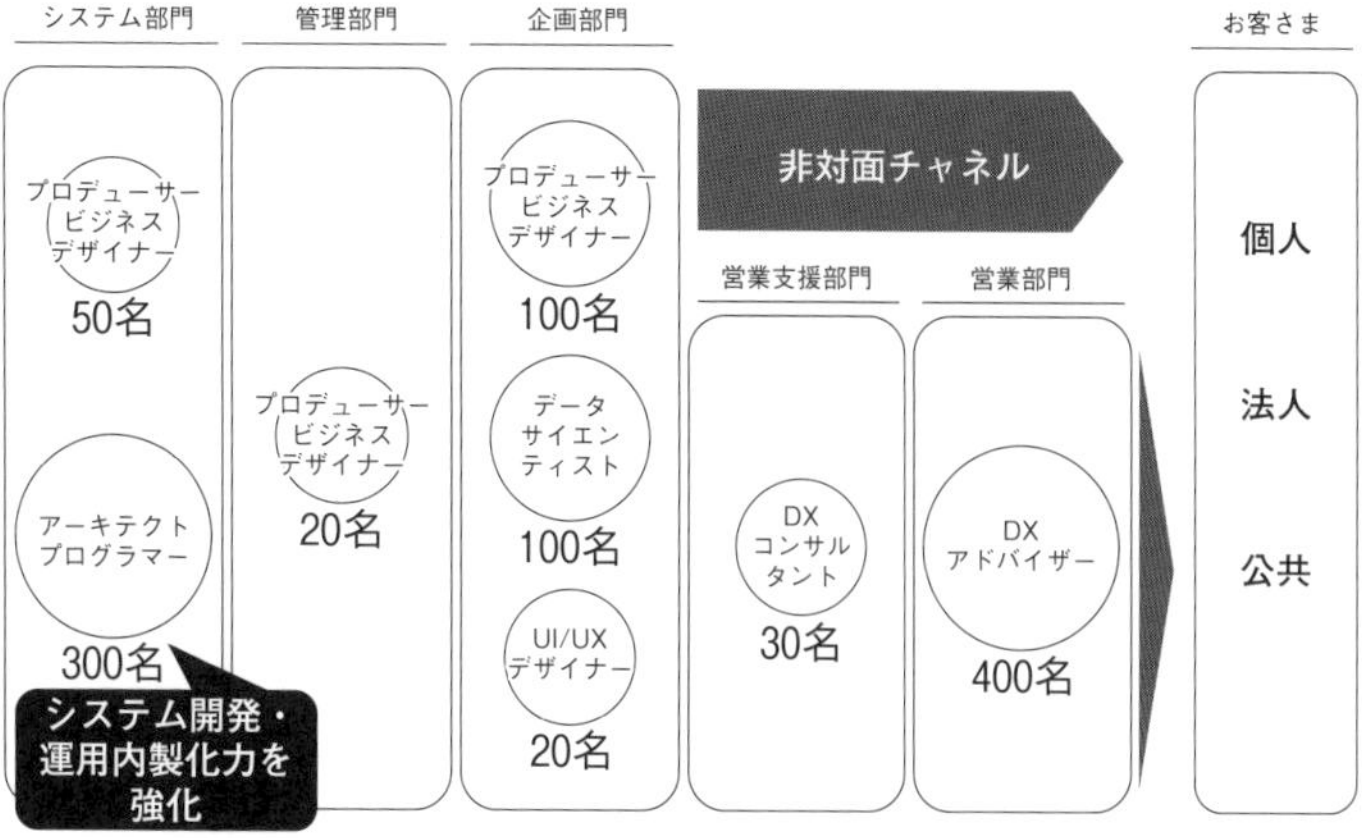

（出所）　肥後銀行IR資料より作成

図表２－16　肥後銀行におけるマインドセット

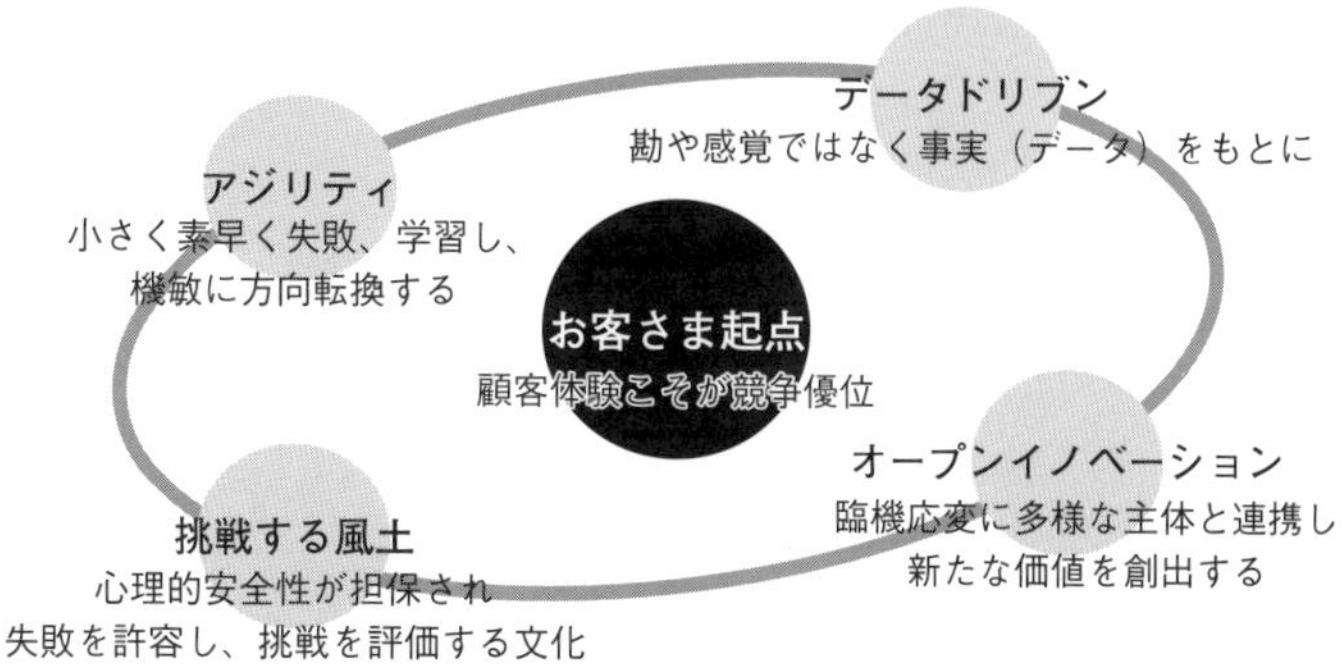

（出所）　肥後銀行IR資料より作成

なお、ＤＸコンサルティングについては、ほかにも多くの地域金融機関が特徴ある取組みを推進している。例えば、**北國銀行**はコンサルティング専門チームを組成しＤＸのみならず企業の課題解決に資するコンサルティングと組み合わせた提供をしている。**紀陽銀行**は子会社の紀陽情報システムが2021年7月に銀行業高度化等会社に移行し銀行の各セクションと連携。地域ＩＴ企業との積極的なアライアンスを進めるとともに自社ＤＸ人材拡充による取引先への派遣・ハンズオンでの支援を実施。**佐賀銀行**は外部のＩＴベンチャー企業と共同で中小・中堅企業のＡＩ・ＩｏＴ開発・活用の支援を目的としたＤＸファンドを設立している。また信用金庫業界でも、2022年8月に信金中央金庫が全国の中小企業のＤＸ推進を目指してＮＴＴ東日本・ＮＴＴ西日本と業務提携することを発表。2022年10月に、資金繰り把握や電子請求書対応等の機能を備える中小企業向けデジタルサービスの提供を開始している。地域金融機関によるＤＸコンサルティングは、活況を呈しているといえよう。

Tips!

グループ間のデータ利活用は魅力的だが、注意も必要

筆者は、最近、特にマーケティングの分野でデータ利活用のニーズが高まってきていると

感じている。具体的には、顧客の住所や性別、年齢などの属性情報や預金残高・取引履歴などの非公開情報を分析して最適な金融商品を最適なタイミングで訴求したいというデジタルマーケティングの取組みである。金融グループなどでは、自社だけの利用にとどまらず、グループ間で情報を共有したいというニーズも多い。例えば、証券会社の顧客情報をグループ内の銀行や保険会社、決済会社などと共有して共同利用したいといった具合である（注11）。同一グループ内のサービスを複数利用している顧客であれば、例えば証券と銀行と保険の情報などを紐付けてより詳細な分析や効率的なアプローチを行うことが可能となる。CDP（Customer Data Platform：顧客情報の分析基盤）という名称で解説されることが多く、小売業界など、特に非金融分野での導入が進んでいる。

注意すべき点としては、データは無制限に利用できるものではなく、前提として個人情報保護法などの規制法を遵守したうえでデータを利用しなければならない。具体的には、第三者提供に関する顧客同意の取得や個人情報の共同利用の手続きなどを履行する必要がある。

これに加えて、金融データを共同利用しようとする場合に注意したいポイントがある。銀証ファイアーウォールやアームスレングスルールなどの各種業法規制と各業界固有のセキュリティ規制である。前者は金融商品取引法など金融業界特有の法規制であり、例えば前述の例では銀行レイヤーと証券レイヤー間の非公開情報の授受は銀証ファイアーウォール規制によって制限されている。このため、情報を利用しようとする場合は、顧客から書面などで明示的な同意を取得しなければならない。銀行レイヤーと保険レイヤーとの間でも情報の利用方法に制約がある。同様の規制は各レイヤー間で存在しており、参画する会社と利用する情報によっては規制に抵触するため注意したい。後者は情報を扱うにあたってのセキュリティ要件であり、FISC安全対策基準やPCIDSSなどが一般的に聞かれる。これらに準拠したシステムの構築や運用が求められることとなる。

CDPを導入したいという地域金融機関は多いと思われるが、前述の規制を正しく理解したうえで構築しないと作ったものの結局利用できない仕組みができあがる可能性があるので注意したい。筆者が携わった金融グループ統合のCDPも、金融業界特有の規制をクリアするためにグループ会社間での情報の共有範囲の制限やアクセス権限設定などの手当てを行っている。

地域商社事業――収益化に向けて必要なプラスワンの取組み

昨今、地域金融機関による地域商社への進出事例が活況を呈している。改めて、「地域商社」の一般的なビジネスモデルについて解説すると、地域の魅力ある産品を発掘・開発して大都市圏や海外などへの販路を拡大することにより、地域外からの収益を獲得して地域の経済発展を実現することを目的として活動するものである。このことから、地域産品を仕入れて売ることを主体とするトレーディングが地域商社のコアビジネスとして位置付けられる。一方で、各地の地域金融機関をみると、これまでの地域金融機関とは完全に異なるビジネスを、地域金融機関が主体となって進めていることからも想定できる通り、収益化に苦労している例は少なくないようである。

ここでは、トレーディングにとどまらない、つまりモノを仕入れて売るだけではないユニークな発想でコアビジネスの周辺を拡大することで、地域商社ビジネスの収益事業化やバリューアップの可能性を感じる地域商社の事例を3つ紹介したい。総じて、商社ビジネスだけでないプラスワンの事業にも取り組むことで収益化を目指す例が近年増えてきている印象である。

地域商社事業と観光事業を融合――COREZO（北國フィナンシャルホールディングス）

株式会社COREZOは北國フィナンシャルホールディングスの100％出資子会社であり、2010年3月に設立された北國マネジメント株式会社を2022年4月に社名変更してスタートした。

社名と同じ「COREZO」の名称で、石川県・富山県・福井県の北陸3県の「これぞ！」といった一品を販売する自社ECサイトを運営している。ECサイトでの物販以外にも、地域金融機関ならではの目線感で地場に根差した事業者（店舗）を紹介するなど、ウェブメディアを使った情報発信にも力を入れている。定期的に販促企画などを展開するなどマーケティング活動に特に力を入れており、外部発信のコンテンツの強さ・企画力は他地域の地域商社に比べて優位性があり、みせるのが非常に巧みである印象を受ける。この点は、北國フィナンシャルホールディングスのグループ会社でシステム開発などを手掛ける株式会社デジタルバリューやコンサルティング業務を行う株式会社CCイノベーションの知見が活かされたグループ内連携も寄与しているものと推察され、**総合サービス化のシナジーがうまく発現している**事例ではないだろうか。

COREZOは2022年7月、COREZO TRAVEL（コレゾトラベル）のサービス名称で

図表２－17　COREZOのウェブサイト

物販だけでなく、体験型のツアーや宿泊などの申込みが可能となっている。また、FacebookやTwitterなど、各種SNSを使った情報発信にも積極的。

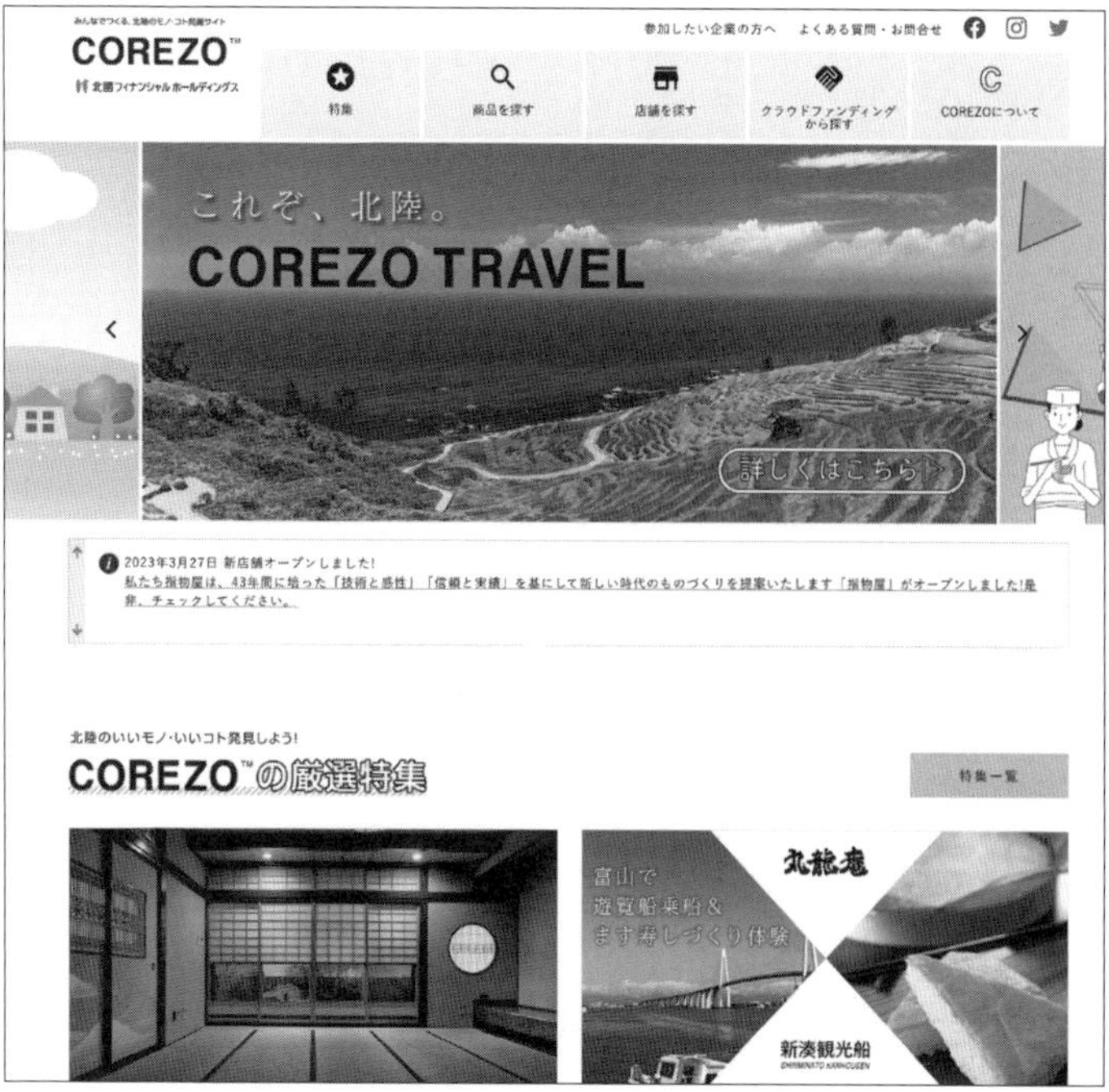

（出所）　COREZOウェブサイトをもとに当社作成

COREZO上での宿泊施設予約をスタートし、観光事業にも進出した［図表2－17］。一般に、地域商社の役割は地域の優れた産品を発掘、開発、販売することにより地方創生を実現することと説明されることが多いが、観光事業は地方創生につながる事業であり、事業内容にも共通する点が多く親和性が高い。

コレゾトラベルでは、石川県・富山県・福井県の北陸3県の宿泊施設をCOREZOのウェブサイト上から予約することができる。つまり、COREZOのウェブサイトからは、北陸三県の名産品を購入できることに加えて宿泊予約を行うこともできるようになった。宿泊施設は、北國フィナンシャルホールディングスと取引のある事業者を中心に構成されている。**コレゾトラベルで重視されているのは、単なる宿泊予約にとどまらないストーリー性であり、地域に根差したグループ社員が収集した、当社ならではの情報を発信する。ここが競合の大手宿泊予約業者との差別化ポイントでもあり、単純に値引き競争に陥らないポイント**と考えている。

すなわち、北國フィナンシャルホールディングスとして持っている地域の事業者や地域特性などの情報を、北陸地域の体験や風土・気候に触れる旅として落とし込むことで、単に宿泊するという瞬間の一点にとどまらず、移動～体験～宿泊～物販に至る旅行のバリューチェーンを地域商社事業と観光事業の掛け算で横断的に取り込み顧客体験を向上させることが可能となる。

親和性が高い地域商社事業と観光事業という2つの事業をウェブチャネルで融合させて顧客

にワンストップかつシームレスにサービス提供を行っている先進的な取組みであり、地域商社のバリューアップや他事業への進出時の参考となると思料する。

地域金融機関が出資して地域商社事業と観光事業を併営している事例としては、本事例のほかにも、COREZOが観光事業に進出した同時期である2022年7月に**福井銀行100％出資により設立された〝ふくいヒトモノデザイン株式会社〟**が注目される。こちらは、2024年春に予定されている北陸新幹線の延伸や2026年に予定されている中部縦貫自動車道の全線開通といった、都市圏から福井への移動の機会が増える可能性があることに着目して、主に旅行者など向けの地場産品の販売（地域商社事業）や、その前提となる福井への人流を創出するための観光コンテンツの発信、旅行商品の企画販売などに取り組むことが推察される。地域商社の多くが海外輸出や大都市圏への販路拡大などを志向して外向けの進出を目指していくのに対し、ふくいヒトモノデザインは、観光事業により外（大都市）から内（福井）への人流を創出して地域内での消費を促すといった、手の届きやすい、手ざわり感のある地産地消型の事業モデルを目指した取組みであることが特徴である。

そのほか、観光事業寄りの事例としては**十六フィナンシャルグループの99％出資により2022年4月に設立された〝カンダまちおこし株式会社〟**の事例も注目される。こちらは観光マーケティング支援事業を中心とした事業展開であるが、2022年9月には購入型クラウドファンディング事業を開始して特産品の販売に乗り出した。同年12月には投資型クラウドファンディング事業を開始して、金融の側面から地域活性化を目指している。

商品開発にクラウドファンディングを活用――ちばぎん商店（千葉銀行）

続いて、千葉銀行100％出資により2021年5月に設立された、ちばぎん商店株式会社を紹介したい。ちばぎん商店は、地域商社事業が成功するためのキーファクターである地域に眠る名産品の発掘、つまり**〝売れる商品〟を創り出すための商品企画・開発など上流工程の部分にクラウドファンディングを活用**している事例である。

クラウドファンディング用に「C-VALUE」（シーバリュー）という名称の専用のウェブサイトを立ち上げ、千葉県に関連する商品・サービスであれば千葉県外からでもエントリーが可能となっている。2022年11月時点で、食品関係を中心に120以上のプロジェクトが公開されており、毎月新たなプロジェクトが立ち上がっている。クラウドファンディングで開発されたヒット商品や、その他千葉産品を扱う自社ECサイト（C-VALUEショッピング）も2022年11月にリリースして商品開発から販売までのバリューチェーンの全領域に事業を拡

図表２－18　C-VALUEのビジネス

全体支援・ちばぎんネットワーク連携について
ちばぎん商店
ちばぎん商店株式会社
地域の優れた商品・サービスの販路開拓・マーケティング支援を通じて、地域内での経済循環システムを構築し、お客さまや地域社会の持続的な発展に貢献。
プロジェクトマネジメント
CHANGE
PEOPLE. BUSINESS. JAPAN
株式会社チェンジ
日本を持続可能な社会にすることを目的に地方創生・DX事業を推進。子会社の株式会社トラストバンクにてふるさと納税を軸とした地域創生に繋がる取組みを実施。
プロダクト開発
生産者直売 のれん会 工場直送 匠
株式会社生産者直売のれん会
価格競争ではなく価値競争の流通を構築し、無数の「小さなNo.１ブランド」創りを手掛ける。「食を通じた地域興し」を全国の自治体や地域金融機関と連携し推進。
C-VALUE
by ちばぎん商店
WEBマーケティング・クラウドファンディング・ECサイト運営・クリエイティブ
onion
Life Design Network
株式会社オニオン新聞社
最先端のデジタルマーケティングからプロジェクト運営、D2C（Direct to Consumer）サービスを手掛ける、総合マーケティングカンパニー。
PROTTY
株式会社PROTTY
（オニオン新聞社グループ企業）
地域に密着した、クラウドファンディングプロジェクト企画、立上げ、運用のサポートを専門とする地域カンパニー。

（注）　千葉銀行は、2023年５月、株式会社オニオン新聞社を関連会社とし、銀行業高度化等会社として他業認可を取得している。
（出所）　ちばぎん商店ウェブサイトより作成

大した。また、本書執筆の２０２３年４月時点で、食品や工芸品などの物品以外にも、移住体験や名所の開発など地域おこしのプロジェクトも複数立ち上がっており、先に紹介したＣＯＲＥＺＯと同様、観光の領域にも足を踏み出し始めている。

　Ｃ－ＶＡＬＵＥは、クラウドファンディングで地域の内外から広く商品アイデアや開発資金を集めるとともに、集まったビジネスの種を、連携しているパートナー企業等がプロジェクトマネジメントやデジタルマーケティングなどのサービスを提供することで収益モデルに育てていく**ハンズオン支援**に特徴がある［図表2－18］。つまり、クラウドファンディングで外部から商品と資金を集めて自社サイトで販売するだけでなく、小売店舗等（千葉県内のスーパーや道の駅等）への販路拡大・マーケティング支援や、場合によっては融資など金融サービスの提供も行う体制が整っている点が地域金融機関発らしいアイデアであり、ほかに数多あるクラウドファンディングとの差別化要素である。

現在、全国各地で地域商社が多く立ち上がっているが、地域商社のありがちな失敗として、商品企画から販売までのバリューチェーンのすべてを内製で完結しようとするあまりに、知見のない部分に手を出したり、商品の目利きなどができず、「売れるものが仕入れられない」「売り先がない」など地域商社に期待される役割が発揮できず収益化に至らないケースが散見される。特に、本書の対象である地域金融機関は地域における事業者とのリレーションや地域特性の理解は優れているが、地域産品やサービスを扱うに際しての具体的な企画力の発揮は手に余る事例がほとんどではないだろうか。ちばぎん商店では、その弱みの部分をクラウドファンディングという手法を使って地域のプレイヤーに外出しをしたことに加えて、クラウドファンディングで目標を達成したもの、言い換えるとマーケットから評価を得たものがＥＣサイトで購入できる形になっている。消費者起点での商品開発・販売が行われている点で開発から販売まで無駄のないサステナブルなビジネスモデルとなっており、大いに参考になる事例である。

アクティブシニアを対象としたストックビジネス――むさしの未来パートナーズ（武蔵野銀行）

２０２２年６月、武蔵野銀行の１００％出資により、むさしの未来パートナーズ株式会社が設立された。事業開始は２０２２年10月であり本書執筆時点ではまだ事業開始したばかりである。むさしの未来パートナーズは、従来の地域商社とは一線を画す非常にユニークなコンセプトで事業を開始した。

一般的に地域商社の多くは、地域産品を大都市や海外などの地域外に販売して地域外からの収益を獲得するか、あるいは地域内の道の駅などに代表される物販施設で地域外から来訪した顧客に販売することで収益を獲得することを狙いにしている。いずれの形態にせよ、収益の源泉を地域外からの収益獲得に求める構図が成立している。収益化に向けては、いかに売れる商品を発掘・開発するか、および大口の販売ルートを確保できるかにかかっている。アプローチは異なるが、ここまでに紹介したＣＯＲＥＺＯ、ちばぎん商店もこの商品発掘、販売チャネルを他社と差別化することで優位性を確保しようとしている。

一方、ここで紹介するむさしの未来パートナーズはこのコンセプトには当てはまらない。むさしの未来パートナーズはいわば〝地産地消型〟であり、「地域が抱える課題を地域が解決する仕組み（地域エコシステム）を構築し、その好循環を重ねることで埼玉県の持続的成長に貢献する」と表明している【図表2－19】。

個人向けと法人向けの2つの領域でサービスを展開しており、まず個人向けサービスは、地域内に居住する高齢者、特に**アクティブシニアをターゲット**として地域内事業者の商品やサービスを結び付ける有料制会員サービスの「彩・発見」をリリースした。年会費は1万9800円（税込）で、3年での黒字化を目指しているとのことである。2022年11月時点で住宅リフォーム、家事手伝い、飲食、スポーツ、介護など幅広い分野で249件の商品・サービスが登録されており、会員はこれらのサービスを利用する際に優待を受けられる仕組みとなっている。会員管理やサービス提供方法（クーポン配信など）など裏側のオペレーションは大手福利厚生サービスのClub Offを利用。ウェブサイトなどもClub Offのサイトをカスタマイズして利用しており、コスト削減とサービスリリースまでの時間短縮を図っていると推察される。

地域商社は商品販売や企画代行などフローで稼ぐのが一般的であるが、本事例は**ストックビジネス**であることがこれまでの地域商社にはない特徴であり、いかに会員数を積み上げられる

図表2－19　むさしの未来パートナーズが目指す「地域エコシステム」

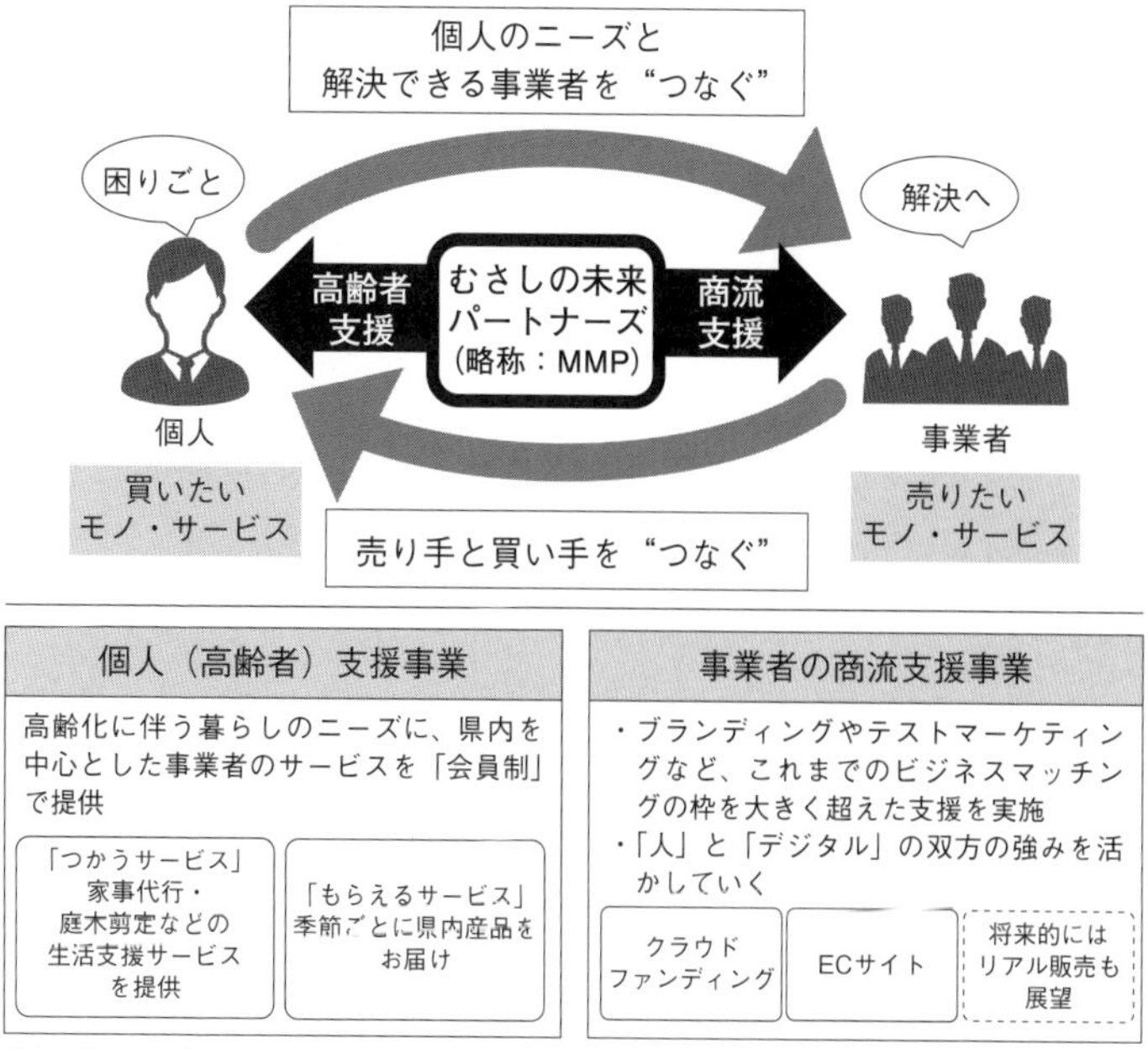

（出所）　武蔵野銀行IR資料より作成

かで収益化の道筋が大きく変わってくる。

次に、法人向けサービスだが、購入型のクラウドファンディングのサービスを「IBUSHIGIN（いぶしぎん）」の名称で2022年10月にリリースした。ちばぎん商店と同様のスキームで埼玉県に関連する商品やサービスのプロジェクトを立ち上げることが可能だが、こちらは〝購入型〟のクラウドファンディングに特化されており、支援者は支援額に応じた商品のリターンを得ることができ、クラウドファンディングとEC販売をミックスしたようなスキームとなる。企業側にとってはは商品のプロモーションやテストマーケティングなどの用途で活用することもでき、2023年5月現在30程度のプロジェクトが立ち上がっている。なお、むさしの未来パートナーズはプロジェクトが成立した場合に20%の成功報酬でマネタイズするスキームとなっている。

個人向けも法人向けも、いずれもサービス提供からまだ日が浅く、今後の状況について注目したい。

ここまで、コアビジネスの周辺で特徴のあるビジネスモデルを構築している地域商社を取り上げた。冒頭で解説した通り、現在、全国各地の地域金融機関で地域商社が立ち上がり、また、立上げに向けた検討も聞こえてきている。ただ、各地で盛り上がりはみせているものの、地域商社の成功事例として確立している事業モデルは未だ存在しないと筆者は考えている。

既存商流、名産品や観光資源の有無・ブランド力、地域が抱える課題など、地域特性は様々であることから、地域商社の取組みは多種多様である。地域金融機関が関わるもの以外も含めると、例えば、海外輸出を中心に販路を海外に求めた事例、農業のIT化（アグリテック）により農産物の生産性とおいしさを向上させることで商品の競争力を高めた事例、地域の廃校を使って水産加工場を作って製造に乗り出した事例など、特徴ある地域商社の事例が全国各地に存在する。

筆者は、地域内リレーションに頼った単純なトレーディングビジネスで成功を収めることは、活動地域のネームバリューやそこでの名産品がブランド価値が高くかつ競合業者が存在しないなど限定的なケースに限られ、一般的に**トレーディングのみで事業拡大していくのは困難**とみている。そのため、地域商社の収益化を実現するためには、上流の商品企画・開発や周辺の関連業態なども含めた**バリューチェーンの全体を組成する発想で事業構築を進める必要がある**と考えている。

地方創生への取組み――地域を面で支える

現在、全国各地において、人口減少、少子高齢化といった環境変化を背景とした経済・コミュニティの縮小が急速に進んでいるが、そのようななかで、多くの地域金融機関が地域の活性化に向けた取組みを「生き残りをかけた手段」として積極的に進めている。その取組みは、大きく次の3つに分類できると考えられる。

① 自社単体あるいは自社グループで実施するもの。
② ファンドを設立して地域活性化に資する事業に投資するもの。
③ 地域の自治体や企業・教育機関などと連携して地方創生に資する事業を実施したり、地方創生に取り組む事業者を支援したりするもの。

なかでも、近年特に活発化しつつあるのが、地域経済の活性化を実現するために創業期・事業承継期の企業に投資し成長を促進することを目的とした、②「地方創生ファンド」の取組みである。早くからこの地方創生ファンドに取り組んでいる特色のある事例として、山形の第一地方銀行である山形銀行が、山形の第二地方銀行であるきらやか銀行および山形県内最大手の信用金庫である鶴岡信用金庫と共同で設立した山形創生ファンド、そしてその出資先であるヤマガタデザイン(2024年4月に株式会社SHONAIに社名を変更予定)の事例を紹介したい。

投資目線で志ある企業を応援——ヤマガタデザイン(山形銀行等)

山形県は1990年～2020年の30年間でおよそ15%減という急激な人口減少が続いてお

り、2014年は特に人口減少が加速し始めた時期であった。ヤマガタデザインは、その真っ只中である2014年8月に、地域課題を解決する事業の拡充と地域の未来を創ることを志として山形県鶴岡市で生まれた企業である。同社は、地域の活性化に資する様々なビジネスをゼロイチの発想で複数立ち上げて事業化しており、調達資金総額は約35億円にのぼる。

しかし、設立当初は、山形県そして鶴岡市がある庄内の地域性から、資金調達が非常に難しい状況に置かれていた。そのようななか、設立当初からヤマガタデザインの事業ビジョンに興味を持ち支援をしていたのが山形銀行である。山形銀行は山形県の抱える課題や事業面でのコンサルティングといった協議をヤマガタデザインと重ね、投資という形で支援することを決め、きらやか銀行、鶴岡信用金庫と共同で山形創生ファンドを設立。ヤマガタデザインに開発用地取得等を目的とした4億円の出資を行った【図表2−20】。その後も、山形銀行はホテルや教育施設の建設資金等の支援を続けている。

現在、ヤマガタデザインは山形県を代表する地方創生企業として全国的に注目されており、2022年の第4回日本サービス大賞において、山形の企業としては初めてとなる「地方創生大臣賞」を受賞した。田んぼの真ん中にホテルを開業するなど独創的・革新的な発想による地域開発の取組みが評価されており、観光や教育、人材マッチング、農業といった幅広い事業を次々に展開し、山形県庄内を持続可能な地方都市につくりあげることを目的として事業拡大を

図表2－20　山形創生ファンドのスキーム

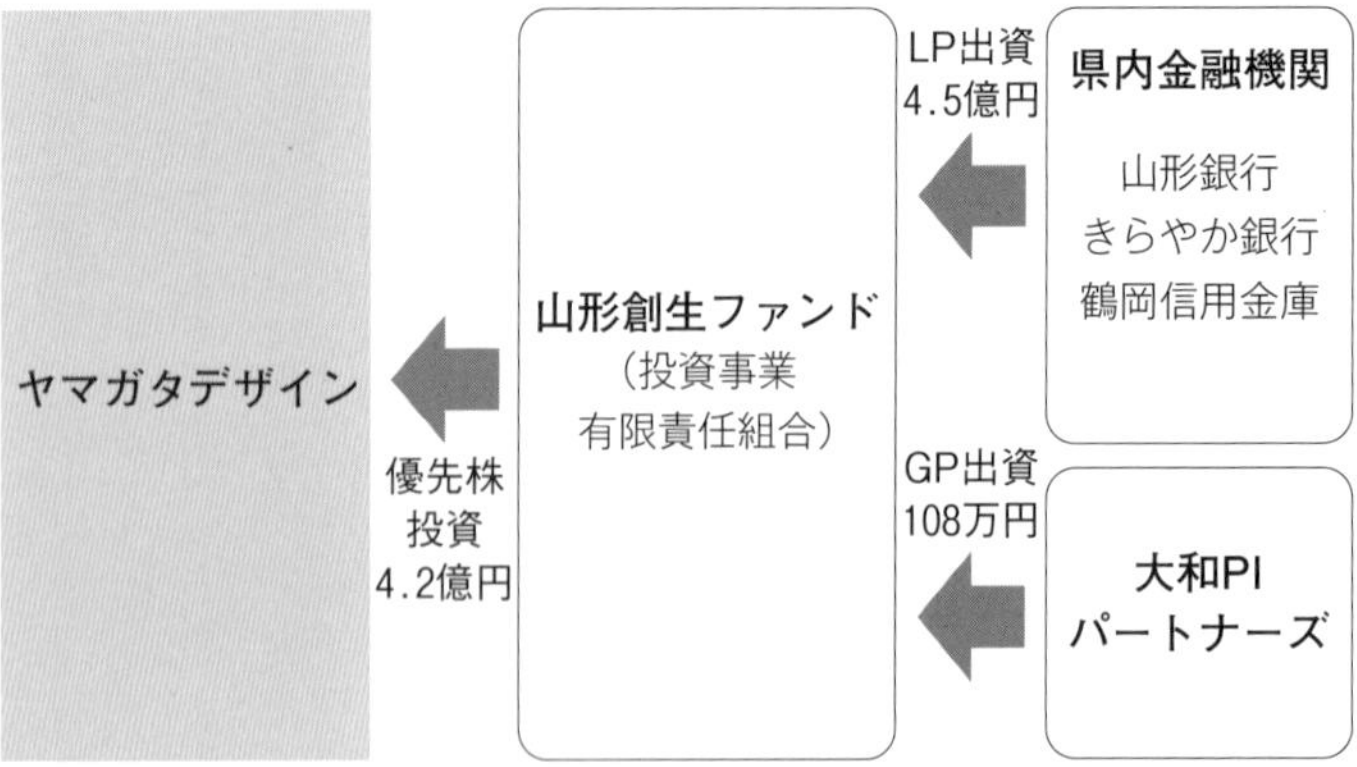

（出所）　山形銀行・きらやか銀行・鶴岡信用金庫プレスリリースより作成

続けている［図表2―21］。一部のビジネスは地域商社のビジネスモデルに近いところがあるが、もはやそのスケールで評価することは適切ではなく、全国的に先行事例のない**地方発の〝地方創生会社〟**としての評価が妥当であろう。彼らの取組みは新聞や雑誌、講演、SNS等を通じて全国に届き、庄内地域にUターン、Iターンする人材が一定数増加しているなど効果を上げている。

この事例の特徴としては、地域金融機関が将来の地域活性化を見据え、最初から果実をとりに行くのではなく、一番手行が旗振り役となって二番手行、信金・信組と地域貢献という文脈で連携して出資を行っている点であると考える。特に、こういった収益化がみえにくいような事業や先行投資が多く発生するような事業に対し、**第一歩を踏み出すための呼び水を地域金融機関同士がリスク**

図表2－21　ヤマガタデザインの事業

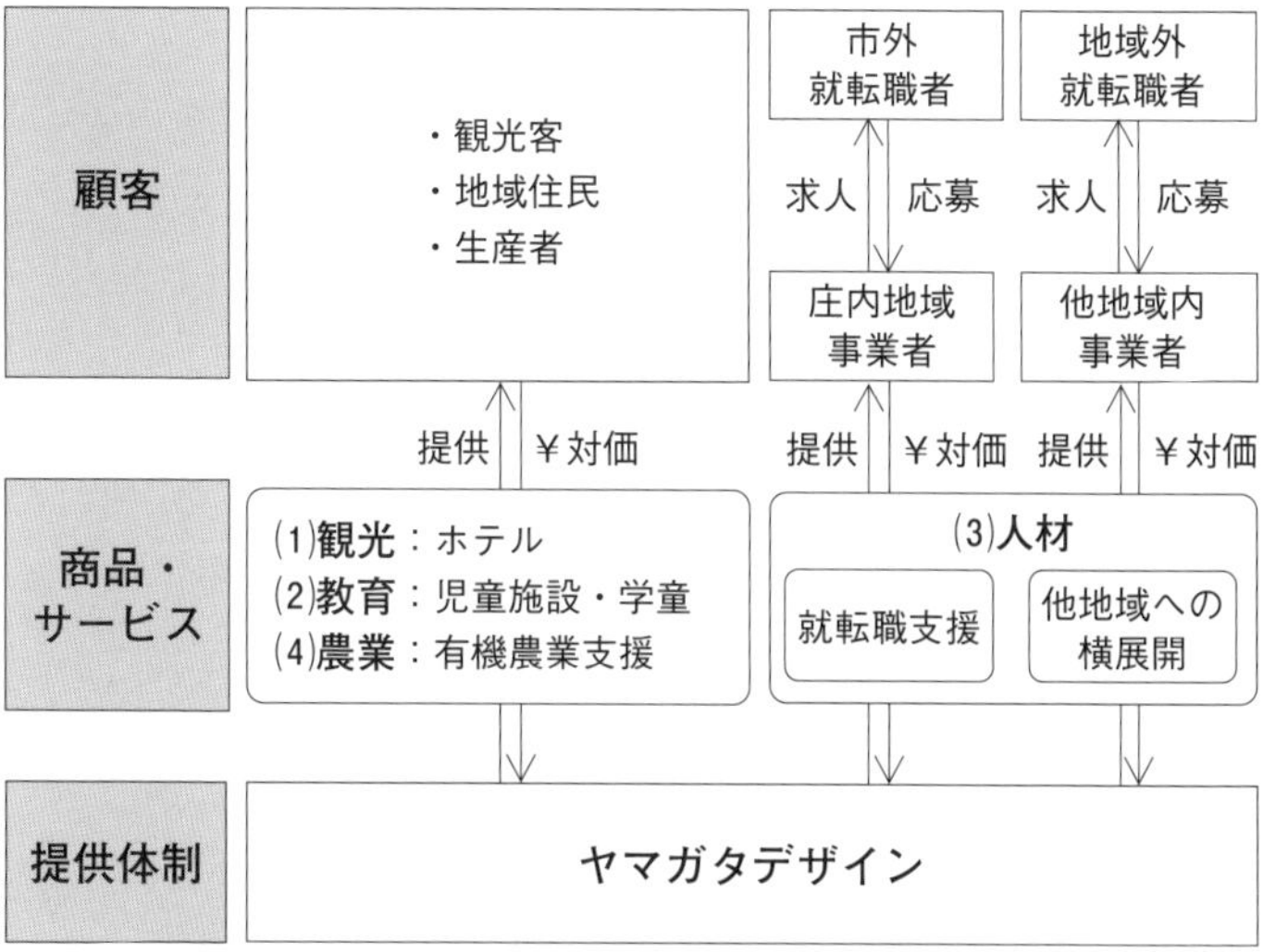

（出所）　環境省「環境ビジネスの先進事例集」より作成

をシェアすることで実現していくことは、創生ファンドの趣旨にも合致した取組みである。

当初、山形銀行ではヤマガタデザインへの出資にあたり、事業将来性が必ずしも高いとはいえない創業直後の企業に出資することに対して行内で多くの議論があったという。そんななか、山形銀行の当時の頭取・専務はヤマガタデザインの山中大介社長のビジョンや熱意に触れ真剣に討議した結果、銀行としての地域における存在意義まで立ち返り、「これからの地域金融機関は、融資目線でなく投資目線で地域企業の成長をともに実現するパートナーであるべき」という意思のもと出資を決めたようである。

どの地域においても、経済の衰退という大きなうねりのなか、全く新しい地域活性化に繋がるような事業を立ち上げるのは容易ではない。地域金融機関は、ヤマガタデザインのような**地域活性化に向けて高い志を持ったスタートアップ企業や、起業希望者と真剣に向き合い、地域全体の将来を見据えてどのような取組みが必要なのかをともに考え、その主導的な立ち位置を彼らに任せ、自分たちは〝黒子〟として支援することが肝要**だと考える。それは、まず地域のために投資をして、自行の利益はその後に回すという考え方に基づいているように思う。

現在、全国各地の地域金融機関では創業ファンドや地域活性化ファンドなどの名目で、自社単独あるいはPEファンドなどと連携してファンドスキームによって地方創生に資する事業への投資が行われているが、この事例のような、地域への貢献や事業の将来性などの目利き、リスクを地域でシェアする発想などによって創業ファンドとしての役割をさらに高めていくような取組みを多くの地域金融機関に望みたい。

地方創生に関して、地域を面で支えていく発想のもと事業展開しているほかの事例としては、山口フィナンシャルグループ100%出資子会社で地方創生に係るコンサティングを行う株式会社YMFG ZOMEプランニングや、ひろぎんホールディングス100%出資子会社で地域活性化に関するコンサルティングを行う**ひろぎんエリアデザイン株式会社**があげられる。

さらに、地方創生を地域全体で連携して支えていく取組みとして、2016年4月に設立された**株式会社瀬戸内ブランドコーポレーション**の事例がある。同社は、主に瀬戸内地域に地盤を持つ地域金融機関や地場のインフラ企業等が出資（注12）して地方創生に資する事業を展開していくコンソーシアムであり、せとうちDMOなどの取組みが進められている。地域に根差す企業が同業種・異業種を有機的に連携させている共創事例として参考になる。

Tips!

広がる婚活支援

地域金融機関によるユニークな非金融事業の取組みとして、婚活支援がある。

後継者不足や後継者候補（多くの場合は社長の子息が多いと想定される）の未婚率上昇で、事業承継に課題を抱えている地域企業は多い。地域にとっても、未婚率の上昇や晩婚化、人口減少は社会課題となっている。婚活の手段としてはマッチングアプリや婚活パーティーなどがあるが、利用者側にとっては馴染みのない会社が運営していることも多く、安心して利用できない場合もある。

図表２－22　名古屋銀行×IBJの婚活サービス

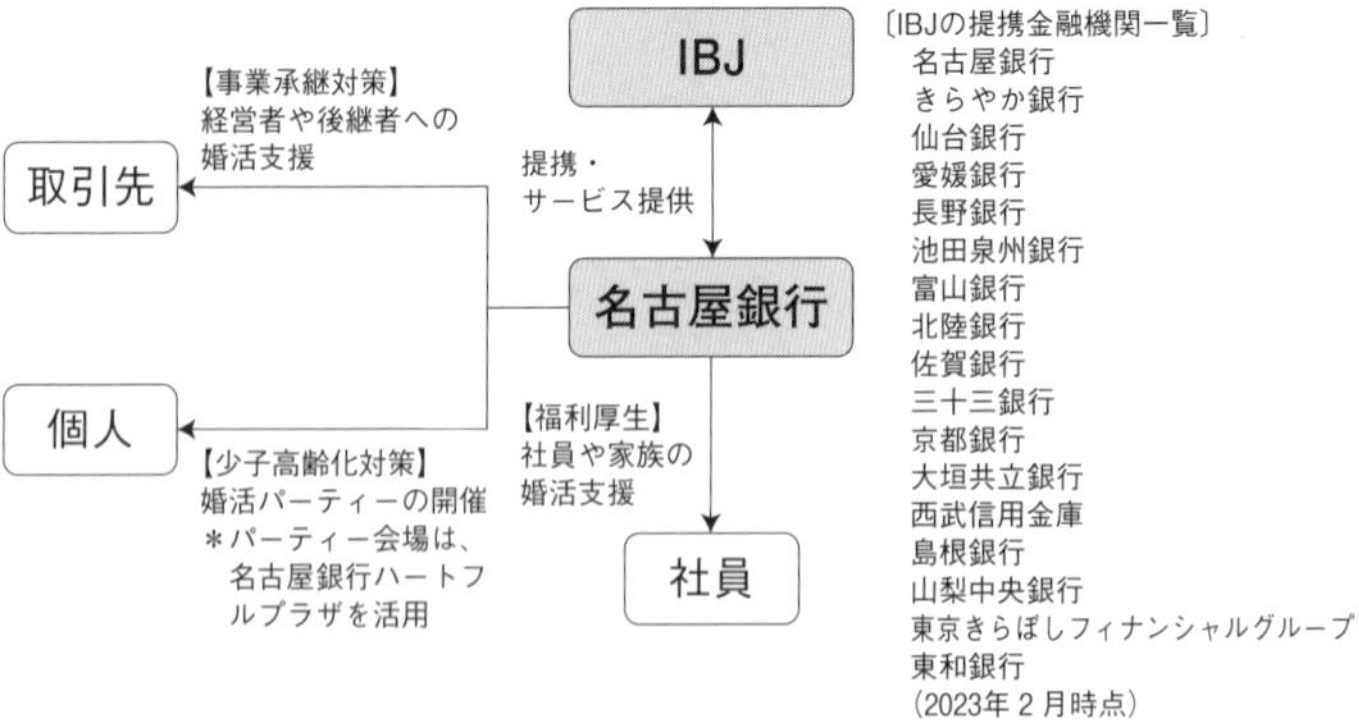

（出所）　各種公表資料をもとに当社作成

名古屋銀行は、２０１８年9月、婚活のマッチングサービスなどを提供する株式会社ＩＢＪと提携して、経営者・後継者の婚活支援に取り組み始めた。それを皮切りに、２０２３年2月現在、17の地域金融機関がＩＢＪと提携している［図表２－22］。

基本的なサービスモデルは、地域金融機関の名前を出した婚活パーティーなどを主催したり、個別に取引先法人に対してサービスを紹介したりする形態である。地域でネームバリューがある金融機関の名前が出ていることで安心してサービスを利用できるため、利用のハードルが下がる効果が期待できる。個人向けには婚活マッチング、法人向けには後継者対策、地域向けには人口減少への打ち手として各方面への貢献が期待できる事業である。

なお、ＩＢＪとの提携第1号となった名古屋銀行は、福利厚生の一環として、自行の社員・親族の婚活支援でもＩＢＪと提携している。

再生可能エネルギー事業――なぜ地域金融機関が取り組むのか

地域のキーパーソンとの連携で〝秋田の風〟を活かす――秋田潟上ウインドファーム（北都銀行）

南北170キロメートルの縦長の地形、日本海に面し1年を通して強い北西風が吹く秋田県。風を活かして風力発電が盛んな土地であり、秋田県の風力発電の導入量は2022年末の時点で青森県に次ぐ全国2位の規模を誇る。

そんな秋田県、男鹿半島の付け根の県有保安林のなかに22基の風力発電のプロペラが立ち並んでいる。2017年4月から建設を開始し、2020年5月に商業運転を開始した国内最大級の風力発電所である、秋田潟上ウインドファーム発電所である。秋田潟上ウインドファーム発電所の発電出力は約6・6万キロワットで、一般家庭のおよそ4万世帯分に相当する電力が

▼秋田潟上ウインドファーム発電所

（出所）　ウェンティ・ジャパン提供

この発電所から供給されている。総事業費200億円を超えるこのプロジェクトは、本事業のために設立されたSPC（注13）である秋田潟上ウインドファーム合同会社が手掛けた。

このプロジェクトには、フィデアホールディングス（注14）傘下の秋田県の北都銀行が深く関わっている。北都銀行は、秋田県出身・在住の実業家であり当時社外取締役であった佐藤裕之氏（現・北都銀行のサステナビリティ委員会委員）とともに、2012年9月、株式会社ウェンティ・ジャパンを設立し、佐藤氏が代表取締役社長に就任した。ウェンティ・ジャパンには、フィデアグループや地元企業等が出資（出資比率非公開）。前述の秋田潟上ウインドファームは、このウェンティ・ジャパンと三菱商事系の三菱商事パワー株式会社、株式会社シーテックの合弁であり、ウェンティ・ジャパンが51・0％のマジョリティ出資をしている。なお、同じ座組で、秋田県由利本荘市沖の洋上風力発電などの第二、第三の取組みを行っている。

秋田潟上ウインドファーム発電所プロジェクトにおいては、発電設備の建設や維持運営など総事業費200億円にのぼる投資資金を計14行のプロジェクトファイナンスで調達したが、北都銀行はそのアレンジャーとして資金調達の中心的な役割も果たしている。

北都銀行が前述のように資本を入れたジョイントベンチャーでの事業進出やプロジェクトファイナンスによる資金調達などコミットメントを高めて再生可能エネルギー事業を推進している背景には、秋田県が地域の活力低下に直面しているという問題がある。

もとより同行は地域資源を活用した地方創生戦略を掲げ、なかでも再生可能エネルギーを軸とした新産業の育成を目指しており、2010年より風力発電事業の事業化・地場産業育成に向けた調査を開始していたが、第1章で解説した通り日本の総人口は減少局面に入り、地方の過疎化が進んでいる。なかでも東北地方、特に秋田県の人口減少は深刻である。1980年代より減少局面に入っており、2010年は108・6万人、2017年には99・5万人と100万人を割り込み、その後も減少が続き2022年時点では93・0万人となっている。自然が豊富な土地柄であり、温泉やなまはげなどに代表される観光資源はある一方で、主だった基幹産業もなく、従来から県内における新産業の創出が急務であった。

そこで目を付けたのが再生可能エネルギー、なかでも強い北西風が吹くという土地柄を利用した風力発電である。これまでの「強風」というマイナスなイメージを、風を資源として捉えて新産業を創出するというプラスの発想に転換したものである。計画当初、既に県外資本による風力発電所は稼働していたが、目指したのは県内資本による県内に利益循環・持続的成長をもたらす風力発電であり、エネルギーの地産地消の取組みである。これに2011年3月に発生した東日本大震災をきっかけとする再生可能エネルギーへの注目やFIT制度（固定価格買取制度）の改定も相まって、本プロジェクトが大きく進展した。

ウェンティ・ジャパン設立後、同社が中心となって秋田県内の官民学連携でコンソーシアム「秋田風作戦」が2013年9月に立ち上がった【図表2-23】。秋田風作戦は風力発電の事業化に対しそれぞれの立場をもとに専門知見を提供したり、事業側からのフィードバックを受けて改善提案などを行っている。

この事例の特徴としては、従来の地域金融機関の目線感では一般的には融資などを中心とする「カネ」の支援にとどまっていたところ、そこから一歩踏み込んだ、**出資およびハンズオンの事業進出まで行っている点と、地域のプレイヤーを支援する形で事業進出を行ったという点**があげられる。

これは、北都銀行として危機感やビジョンを共有する佐藤氏という**キーマンとの出会い**が大

図表２－23　秋田潟上ウインドファームのスキーム概要

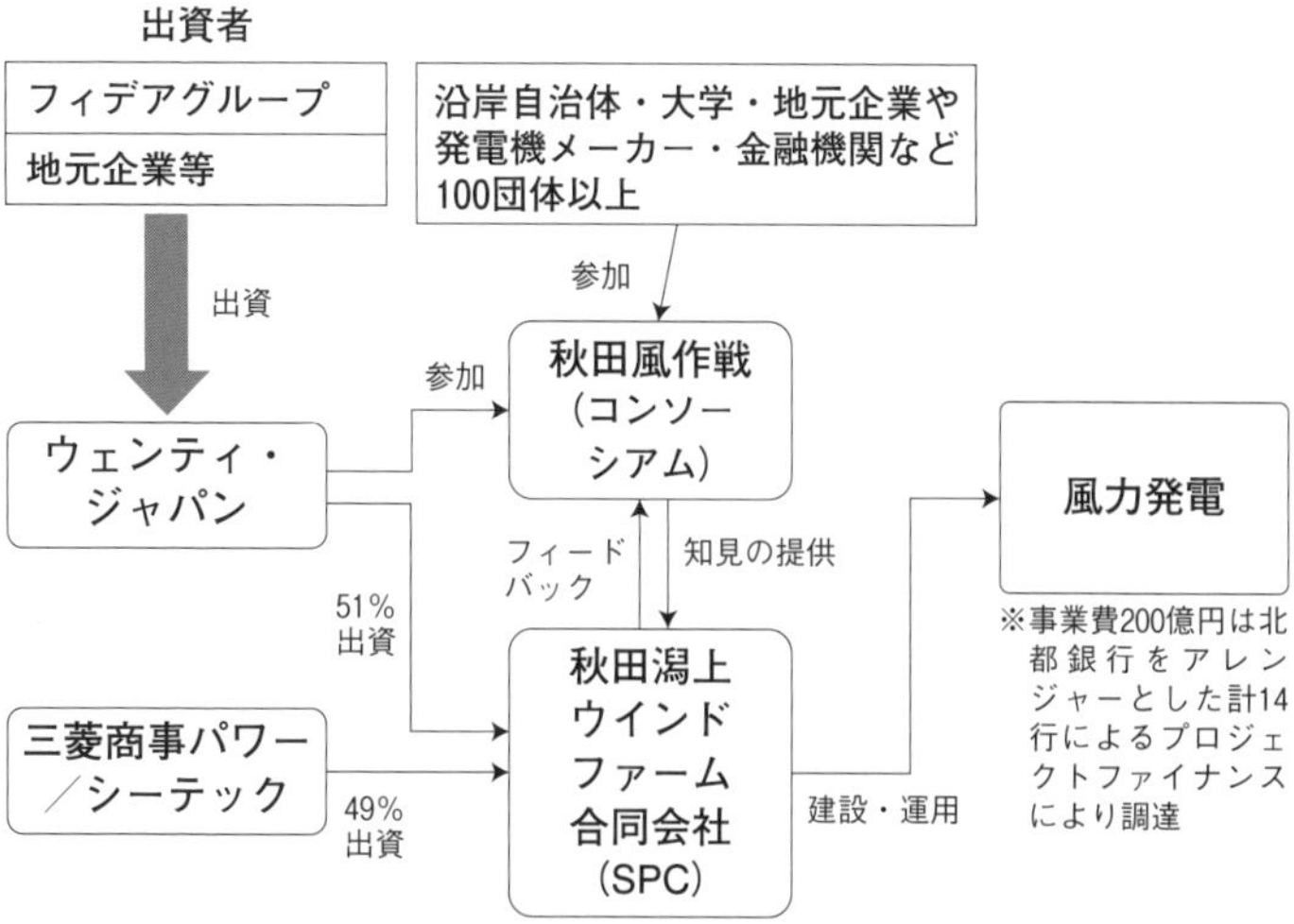

（出所）　各種公表資料をもとに当社作成

きな転換点になったと思料する。本事例にとどまらず、非金融事業への進出にあたっては、事業企画・オペレーションのすべてを自社で行うことは必ずしも必要ではなく、**地域における既存のプレイヤーや意志のある人材と共創する、支援する形で進出することも選択肢として考慮することで、地域貢献の最大化や事業の立ち上がりスピードの短縮化、成功確率を高めることができる**ことに気づかされる事例である。つまり、地域金融機関が総合サービス化を検討するにあたっては、自社でリスクをとって主体的に事業進出を行うスキームと、地域内にプレイヤーや意志のある候補者がいる場合にそのプレイヤーという〝個〟を支援する形で総合サービス化を実現していくというスキームが考えられる。筆者は、地域の持続的成長に貢献するという意味においては、この〝個〟をより多く支援することで地域のハブ機能を果たしていくことができると見立てており、創業支援ファンドなどのスキームも活用しつつ、地域金融機関としての役割を果たしていくことが望まれる。

加えて本事例では、創業支援といった〝箱〟を作るだけにとどまらず、具体的に風力発電所の稼働に至るまでの一連のプロジェクトに対するシンジケートローンのアレンジャーといった「カネ」周りに関する主導的な役割も果たしており、創業支援や融資など銀行が従来から得意としていた金融サービスとのシナジーを同時に実現していることも興味深い。

設立後の取組みとして2021年1月、北都銀行は本部・本支店の使用電力のすべてを2050年までに再生可能エネルギーで賄うと発表。グリーン購入ネットワークなど関連5団体が主催する再エネ100宣言RE Action協議会の「再エネ100宣言RE Action」に参加した地方銀行初（注15）の事例となり再生可能エネルギー事業のフロントランナーとなっている。

再生可能エネルギー分野ではサステナブルファイナンスなど金融サービスの観点で取り組んでいる地域金融機関の事例は各地でみられるが、自社グループで再生可能エネルギーの取組みを事業化して推進している事例はまだ少数である。北都銀行の取組みのほかには、2022年7月に

地域金融機関として初めてとなる100%出資で発電および電力供給を行う電力会社「**ごうぎんエナジー株式会社**」を設立した山陰合同銀行や、発電、売電に加えて太陽光発電設備の普及などを実現する目的で常陽銀行系列である常陽キャピタルパートナーズの100%出資により同月に設立された「**常陽グリーンエナジー株式会社**」の事例などがあり、足許では再生可能エネルギーを活用した電力事業に取り組む地域金融機関が出始めてきた段階である。

電力業界や発送電に関する知識などは、金融とは全く異なる分野であり、地域金融機関が取組みを進めるとしても、外部パートナーとの協業によるリソース補完や事業に関する収益化の道筋、地域金融機関としての役割整理（なぜ電力事業に地域金融機関が取り組むのか）など論点は数多く、今後事業化にまで踏み込んだ動きが全国的に広がる可能性については、地域の脱炭素という目的意識だけでは弱いと感じており、また昨今のエネルギー価格高騰などの環境変化も加味すれば今後の取組みの広がりは限定的ではないかと感じている。

デジタルバンク――持続可能性の模索

近年、口座開設や預金、入出金などのすべての銀行サービスが、店舗を介さずスマートフォン上で完結できる「デジタルバンク」が相次いで登場した。ここでは、デジタルバンクの代表的な2行である「みんなの銀行」と「UI銀行」について取り上げたい。

際立つ事業戦略の違い――みんなの銀行（ふくおかフィナンシャルグループ）、UI銀行（東京きらぼしフィナンシャルグループ）

「みんなの銀行」は、ふくおかフィナンシャルグループ（注16）が、2021年5月に開業した国内初のデジタルバンクである【図表2－24】。本拠は福岡県福岡市に構えているが、サービス提供はスマートフォンアプリを用いて実施されていることから営業地域に縛りはなく全国であり、具体的なターゲットには幼少期からインターネットやスマートフォン、SNSに慣れ親しんだデジタルネイティブ世代を定めている。2022年時点では、サービス利用者は東京が最も多く、次いで大阪という順位である。利用者の年齢層は10～30代が全体の7割を占めていることが公表されている。

サービスの特徴として、金融機関として従来の常識であった「営業店舗」でのサービス提供をすべて排除し、モバイル専業を打ち出している。口座開設や決済、入出金、収支管理などの生活に係る金融サービスはすべてスマートフォンアプリ上で完結できるため、営業店舗に出向

図表2－24　みんなの銀行が目指す方向性

あなたのいちばんに。
FFG ふくおかフィナンシャルグループ

組　織	福岡銀行 熊本銀行 十八親和銀行	みんなの銀行 ↑ ZERO BANK DESIGN FACTORY
エリア	九州がメイン	全国 （地理的制約を受けない）
ターゲット	全層の顧客 （法人・個人）	デジタルネイティブ世代 （当初は個人がメイン）
チャネル	全チャネル	モバイル専業 （来店不要・24/365）

（出所）　みんなの銀行IR資料より作成

く時間や窓口で待つ時間が省略され、利用者にとっては利便性が高いサービスとなっており、デジタルネイティブ世代を中心に普及が進んでいる。

　また、みんなの銀行はこういったサービスを実現するためのシステムを、すべて自前、フルスクラッチで構築している。福岡銀行が持つ勘定系システムは利用せず、クラウドを活用した銀行システム基盤を構築し、アジャイル開発方針を全面採用することでサービスの追加開発のスピードを圧倒的に高め、週に1回程度は改善のために機能

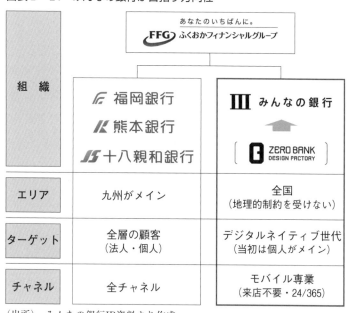

をアップデートできる状態を実現しているという。さらに、BtoB領域、個人向けローンや銀行機能を他社へ提供するBaaSも計画。企業が消費者に商品を販売する際にローン機能を付けることで商品を売りやすくする仕組みなども検討しており、デジタルの取組みを積極的に推進している。

次に、UI銀行について紹介する。UI銀行は、きらぼし銀行を傘下に持つ東京きらぼしフィナンシャルグループが2021年1月に開業した国内2番目のデジタルバンクである。きらぼし銀行の既存顧客をターゲットに、預金金利や手数料の優遇、利便性の高い機能、非金融サービス拡充などを押し出すことによるデジタルシフト、つまり、既存顧客のUI銀行への乗り換えを目的に設立された。

UI銀行のシステムは、SBJ銀行（韓国）が開発した既存システムを採用しており、これにより実質約1年半という短期間で、かつ低コストでのリリースを実現した。

東京きらぼしフィナンシャルグループにおけるデジタルシフトの狙いは、きらぼし銀行の構造改革である。多くの顧客の管理に係る事務コスト低減やきらぼし銀行が推し進める店舗削減の促進、また、その先にある資産運用やデジタル金融活用相談、コールセンター充実といった分野への行員を戦略的に再配置する計画も見据えている。店頭の単純な預金・為替取引は金利・手数料面でメリットのある非対面（UI銀行）へ、コンサルティングなど質の高いサービ

図表2－25　きらぼし銀行とUI銀行による対面・非対面の融合

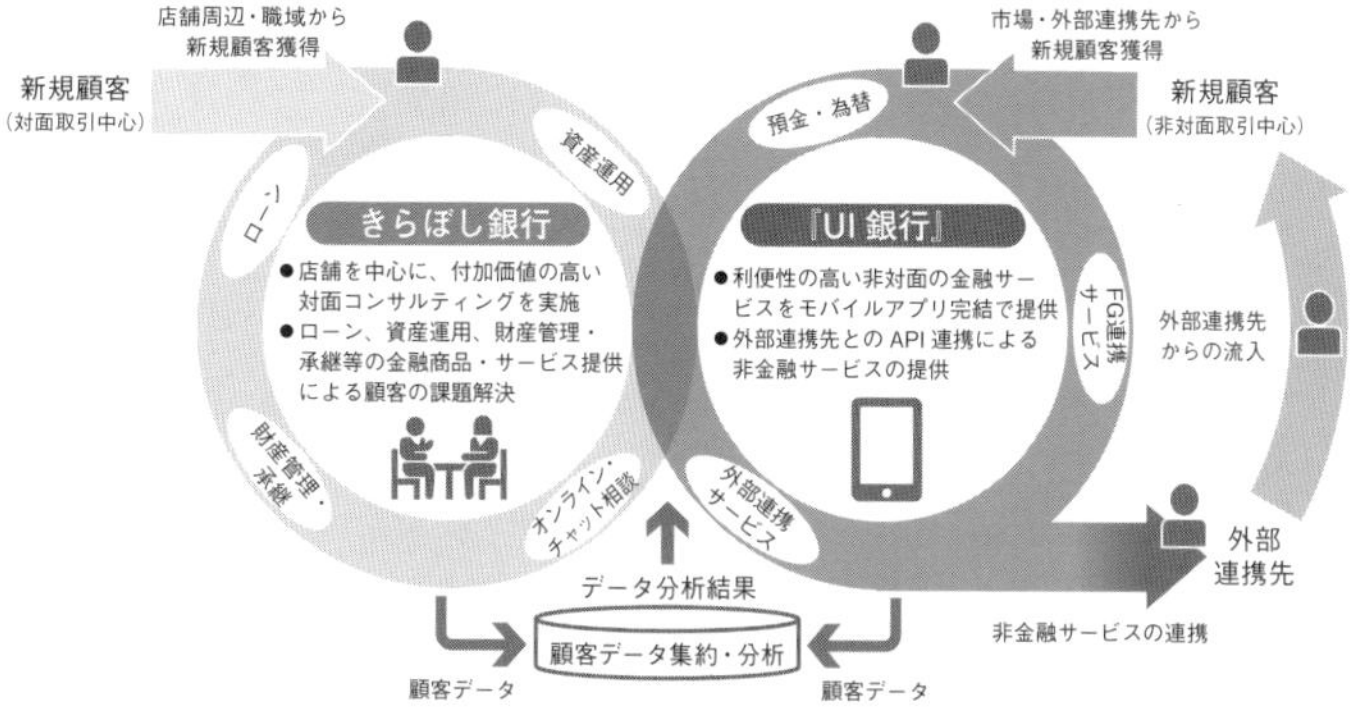

（出所）東京きらぼしフィナンシャルグループIR資料より作成

スは対面（きらぼし銀行）へ相互送客するといったように、きらぼし銀行とも連携していく方針である【図表2－25】。またUI銀行は、若年層だけでなくシニア層もターゲットとしており、きらぼし銀行の店舗にUI銀行のアプリの利用方法等を案内する「デジタルコンシェルジュ」を配置するなど、シニア層のデジタルシフトを進めている。

ここまで述べたように、みんなの銀行とUI銀行には「設立目的」「ターゲット」「実現方法（システム）」の面で大きな違いがあることがわかる。ただ、違いがある一方で、両社のデジタルバンク立上げの根幹には「持続可能性の模索」という狙いがあるものと筆者は考察する。

まず、ふくおかフィナンシャルグループは、既に九州エリアを中心に数多くの顧客を抱える巨大な経済圏を持ち、国内でもメガバンクを除けば最大規模のフィナンシャルグループである。そのような盤石なポジションを築きながらも、国内の人口減少や高齢化を背景にした市場の低迷と衰退、超低金利の継続などをはじめとする今後の厳しい経営環境を鑑み、事業基盤を維持・拡大するうえでの現実的な選択肢として〝デジタルバンク〟の立上げに踏み切ったのではないかと考えられる。

一方、東京きらぼしフィナンシャルグループは、東京を商圏とする地域金融機関であり、特に個人向け金融領域における経営環境は、3メガバンクやネット銀行をはじめとした巨大な競合の脅威に常に晒されている。東京きらぼしフィナンシャルグループにとっての〝デジタルバンク〟の立上げは、このような競合に対抗するため、コストの抜本的削減と収益力の強化による競争力向上を図る構造改革の手段であると考えられる。

デジタルバンクの営業エリアは当然のことながらデジタル領域であり、地域金融機関における〝地域〟の概念は基本的には存在しない。第1章で触れた通り、ITや通信をバックグラウンドに持つネット専業銀行などの競合が多い分野であり、チャネルも顧客も競合もこれまでの地域金融機関像とは一線を画すチャレンジングな領域である。なお、足許での両社のデジタルバンクにおける評価であるが、両社が2022年11月に公表したIR資料からは当初掲げていた口座数が獲得できておらず、計画通りに伸ばしていけていないことが読み取れる。新たな挑戦・ビジネスを軌道に乗せるため、まさに道半ばにある。今後、両社のデジタルバンクのビジネス拡大に期待したい。

ここでは、ふくおかフィナンシャルグループと、東京きらぼしフィナンシャルグループの事例を解説したが、いずれも大都市圏を地盤とする銀行でメガバンクや異業種参入組も含めた激しい競争環境に晒されている点で変革のベクトルが働きやすい環境下にあった。一方、地方に視点を移してみると、地方を地盤とする地域金融機関は大都市圏ほど競争環境が厳しくはないものの、地域の人口や企業数の減少という社会課題のなかで収益を確保していかなければならないという大都市圏とはまた違った課題に迫られている。

地方部に地盤を有する地域金融機関によるデジタルバンクの取組みとしては、次のような方向性があるだろう。例えば、初めての銀行口座として両親が子供のために開設して成長するまで利用していた口座が、子供が進学や就職で大都市圏などに引っ越すことで非アクティブ化してしまうことはよく聞かれる問題である。デジタル技術を活用して全国どこからでも生まれ育った地域の地域金融機関による金融サービス、いわば〝ふるさと金融サービス〟の提供を継続的に受けられれば利便性は高い。さらに、高齢の両親に簡単に仕送りが送金できたり、安否や不正被害などにあっていないかの確認ができるような仕組みなど、リアルとバーチャルを融合して使い続けてもらえる仕組みづくりなどの工夫により地方部に合わせたサービス設計のデジタルバンクの取組みを進めるなど、地域特性や社会性に寄りそったモデルを考えていく必要があると思料する。

セグメント別の進展状況と今後の可能性

ここまで、総合サービス化に資する事業に関して、各地の地域金融機関による特徴的な事例を紹介してきたが、改めて、地域金融機関全体における総合サービス化の進展状況と今後の展望について、主に誰に対してサービス提供を行うかの切り口で、法人顧客向け・個人顧客向け・地域向けの3つの切り口で解説したい。

1　法人顧客向けサービス

法人顧客向けサービスは、足許で最も金融サービスをベースにしながら非金融事業への進出が進んでいる、つまり総合サービス化が進展している領域である。法人顧客とは、総合サービス化が意識される前からリレーションシップ・バンキング（注17）などの名のもとで日常の取引を通じた経営課題などのヒアリングや課題解決のためのコンサルティング、事業拡大のためのビジネスマッチングなど、顧客との信頼関係に基づく非金融サービスの提供が進んでいたため、非金融サービスの面を拡大していくのはごく自然な成り行きである。近年ではコンサルティングから一歩進んで、企業の課題解決に直接資するサービス展開が行われており、人材紹介事業（有料職業紹介事業）を自ら提供する地域金融機関が約9割にのぼることは前述の通りである。

今後、事業承継問題や廃業問題などがますます社会問題化するなか、事業承継やM&A仲介、あるいは事業再生といった金融知見を活かした領域のサービス提供がさらに進むだろう。そしてさらにその先に非金融サービスが開発され、金融と非金融をセットにして取引先へのサービス提供がなされるようになるのではなかろうか。事業再生ファンドを通じたハンズオン支援などは既に行われているが、今後の環境変化や規制緩和状況によっては、**地域金融機関が自ら会社を買い取って事業再生を進め、軌道にのった後に地域を発展させることに強い意欲を持つ人材や事業者などに受け渡すといった取組みが一般的になる時代が来るかもしれない**。

また、法人向けで忘れてはならないのは、DXコンサルティングである。過去の銀行の基幹システムの導入・改修などの知見に基づき、取引先に対するDX支援の提供を掲げている地域金融機関や傘下のシステム子会社などは存在するが、そこから進んで、例えばAIやRPA、デジタルマーケティング基盤などの高度なソリューションの提供・開発やそのためのコンサルティングを提供している事例は、現在のところ少ない。AIやRPAなどの高度先進技術の活用を希望する取引先は多いと思われるため、顧客ニーズと地域金融機関が提供可能なサービスのアンマッチが生じている状態である。そのギャップを埋めるために、フィンテック事業者などと連携した取引先に対するＤＸコンサルティング事例が足許で活発化しており、今後もこの潮流は継続するものとみている。

なお、ＤＸコンサルティングを行ううえで避けて通れないのが、企業や事業の規模感の問題である。地域における取引先には中小企業が多く、投資余力やリソースも限られている。実証試験（ＰｏＣ）だけで半年～1年、導入には億単位の費用がかかるような取組みはどんなに成果が見込まれようが現実的なものにはなり得ない。ＳａａＳ型のサービス活用を地場の企業と連携しながら提供していくなど、地域特性、企業規模に合ったスモール＆クイックで、安価に導入可能な技術やデジタル変革を進めることが肝要であろう。

地域金融機関は日常取引を通じて取引先のことを〝よく知っている〟関係にあるため、取引先に合わせたソリューションを提案していくことが期待されている。その期待に多くの地域金融機関が応えられる状況が速やかに整うことを切に願っている。

そのためには、ＩＴ人材の積極的な強化（採用・育成）を進めてデジタルに関する取組みを加速させるとともに、スモール＆クイックな視点での挑戦を進めてもらいたいと切に願う。今後、社会のデジタル化が加速するなか、各地域金融機関のデジタルに関する取組みもさらに拡大していくことが予想される。

2　個人顧客向けサービス

高齢化社会の到来や共働き・核家族化などの生活スタイルの変化、スマートフォンの普及拡大など、個人のライフスタイルは変化してきている。生活の質（Quality of Life）を高めるためのサービスニーズはコンシューマー向けビジネスのあらゆる方面で極めて高く、デジタル活用ニーズも同様に高い。一方で競合が多く専門知見も必要となる領域のため、地域金融機関としては限定的な事例でしか進出がみられない領域である。一部の地域金融機関において、アプリをはじめとする非対面チャネルなどを通じて蓄積した顧客データ分析に基づいて、ライフプランに応じた相談・情報提供と金融関連サービスの提案などの取組みや、地域商社事業の事例であげたむさしの未来パートナーズのような地域商社事業と高齢者支援事業の組み合わせなどで非金融事業への進出が進みつつあるが、本質的に個人の生活に密着するような非金融事業への進出事例は限定的である。業法的な規制だけでなく、地域金融機関内のナレッジや専門人材の不足や競合企業が無数に存在する点など、乗り越えるべきハードルが高いことなどが理由としてあげられる。また、そもそも地域において既存の業者が既にサービス提供を行っていることから、わざわざ地域金融機関による進出が望まれているわけではないことも背景には存在する。

前述の状況に対して、地域金融機関が総合サービス化に向けて乗り出す基本的なポジショニン

図表2－26　セグメント別の総合サービス化の基本的な考え方

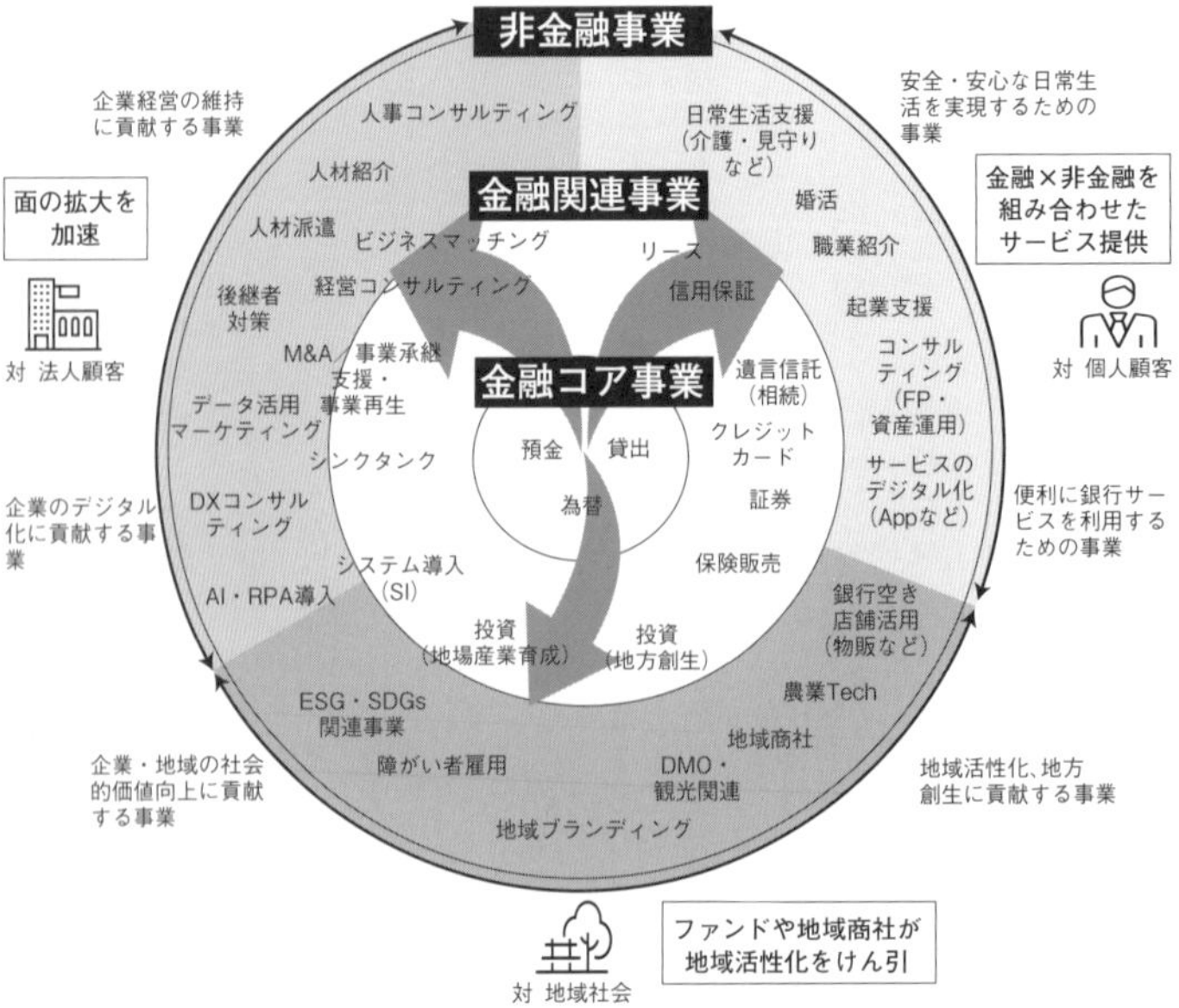

グとしては、個別具体的に特定の非金融事業に乗り出すということよりも、預金・貸出・為替等の金融コア事業と、リースやクレジットカード、保険等の金融関連事業をベースにして、**自社グループの得意領域にプラスワンでサービスを重層的に重ねることで収益を拡大していくこと**を推奨したい。目指す世界観は、蓄積したデータを活用してさらなるクロスセルやアップセルをスマホアプリなどデジタルチャネルで実現するといった、**非金融事業の一環でデータ分析業務や顧客アプリ（スーパーアプリ）構築を行い、それを金融事業の事業拡大に活かしていく**方向性

がよいのではないかと考えている。

つまり、図表2－26でみると、金融コア事業から金融関連事業、非金融事業へと矢印が外縁部に向きながらも180度回転して金融事業に戻ってくるルートを想定している。例えば結婚と引っ越しの発生確率をＡＩでモデル化、予測し、当てはまる顧客のうち銀行残高が一定額以下の顧客に、銀行ローンや住宅ローンをアプリなどのデジタルチャネルでプロモーションするような、複数の事業をクロスして情報を利活用するといった使い方が想定される。その先にさらなる非金融事業へのクロスセルの必要が出てきた場合は、地域の専門業者に繋ぐなど地域のハブとしての役割を発揮すればよい。

今後の見立てとしては、顧客データを活用してデジタルバンクやアプリを通じて金融サービスを提供する、生活関連サービスを紹介する、あるいは逆に外部企業の生活周辺サービスに自らの金融サービス・金融商材を組み込む（エンベデッドファイナンス）といった、ＢtoＢtoＣの取組みの拡大が推進されていくものと見立てている。

3　地域に資するサービス

地域商社事業やＤＭＯ、観光事業、地域ブランディング事業、農業関連事業など、様々な地域社会向けサービスへの取組みがみられるが、とりわけ地域商社事業への進出が進んでおり、現在も活発化している状況にある。

地域商社は地域活性化の中心的な存在となり得る事業体であり、地域産品のトレーディングをコアビジネスとして、周辺領域をフレキシブルに組み合わせていくことで地域特性に合ったサービスを構築・提供することが可能となる。本章で解説した観光事業やクラウドファンディングといった取組みに加えて、加工や物流機能、あるいはレストランや道の駅などの最終消費地となる川下側を加えても面白い取組みとなるだろう。ここで重要なのは、「**地域の持続的な発展に必要であり、かつ収益化も望めるサービススペックを揃えてアメーバ的に事業範囲を拡大していくこと**」にあると思料する。

そのほか、地域に資する方向の事業進出といえば、金融サービスとしての**地方創生ファンド**にも注目したい。地方創生に資する事業を資金面から支援することで地域のプレイヤーを後押しする形で地域の持続的成長に資するもので、既に意欲のある人材、会社が地域に存在すれば彼らに対する資金面での支援を通じて社会貢献を果たしていく。再生可能エネルギーのビジネスを構築する際のプロジェクトファイナンスのアレンジャーを北都銀行が担った発想に近い。これまで地域金融機関が果たしてきた〝黒子〟の役割にも近く、また、例えば事業の構築自体は地域金融機関でやりつつも一定のタイミングで事業をカーブアウトして経営を地域の人たちに任せていくなどの方法で、循環型の地域経済を作り出すこともできる。

今後、地域に資するサービスとしては、再生可能エネルギー事業などの注目はありつつも、中心は地域商社事業の取組みが今後も活発に続いていくものと思われる。なにより地域商社事業は直接的に地域への貢献が果たせる事業であり、良くも悪くもこれといった画一的な事業モデルが未だ確立されているわけでもない。地域商社をビークルとして地方創生に関する様々な事業が発展的に追加され・展開されていくものと思われる。そういった意味において、いま地域商社への進出を検討する、あるいは収益化を目指す場合は、単純なトレーディングにとどまらない、**地域特性に応じたプラスの付加価値を付けていくことで地域貢献を果たす事業モデル**を構築することが肝要である。

総合サービス化を「画餅」にさせないために

本章では、地域金融機関における総合サービス化の概念および具体的な事業進出の状況、および今後の見通しを解説した。地域の一番手行を中心として、金融コア事業をベースにしながらも、金融関連事業、さらに外縁の非金融事業へと拡大している方向性をつかんでいただけたのではないか。

本章のまとめとしていいたいのは、何度も述べてきた通り、総合サービス化を進めるにあたって念頭に置くべき観点は、①地域特性の理解、②顧客・地域社会のニーズの把握、③不足するリソースの外部連携による補充、④任せられるところは地域のプレイヤーに任せる、の4点である。

地域の理解、顧客の理解なくして総合サービス化は成功しない。顧客ニーズがないところにサービス提供しても、収益があがらず事業として継続性のないビジネスで終わってしまう。地域社会・地域の顧客が地域金融機関に望むことや地域の声を聞いて事業進出をすることが肝要である。誰が提供するかといった観点では、不足するリソースは外部との連携や、時にはM&Aなどの手段によって調達することでクイックな事業構築を実現することが可能である。

また、総合サービス化は自社だけのサービス提供にこだわって進めても限界がある。地域のプレイヤーに任せられるところは任せ、地域金融機関は黒子に徹して地域の仲介役としての機能を果たすことに注力することで、地域のハブとなって総合サービス化を推進していくことが大切である。

次章では、これらの観点を踏まえ、地域金融機関が総合サービス化を進める本質について考察したい。

（注）

1　ＤＭＯ：Distination Management/Marketing Organizationの略称で、観光地域づくり法人と定義される（観光庁より）。地域の観光振興やブランディングなどを行う法人を指し、２０２３年３月末の段階で３２６団体が国に登録されている。

2　中小・地域金融機関向けの総合的な監督指針（２０１９年10月15日適用）では、地域商社とは「地方創生や地域経済の活性化などのため、地域の優れた産品・サービスの販路を新たに開拓することで、従来以上の収益を引き出し、そこで得られた知見や収益を生産者に還元していく事業を営む会社」と定義された。

3　参考として、当社ホームページにて発表した「地方銀行による地域商社事業進出の考察～課題と収益化の道筋～」（２０２１年10月20日）もご覧いただきたい。

4　ＢＰＯ：Business Process Outsourcingの略。企業の業務の一部または全部を外部に委託すること。主に経理・人事などのバックオフィス系で用いられる。企業としては、専門のＢＰＯ業者に業務を委託することで、一般的に、業務の標準化や効率化、生産性向上、コスト削減を実現することができる。

5　２０２２年３月末時点で東京商工リサーチのデータベースに登録されている企業のメインバンク調査。

6　２０１４年４月に資本業務提携を発表。静岡銀行がマネックスグループ株式会社の株式20・01％を保有するに至った。提携後、静岡銀行とマネックス証券が金融商品仲介業に関する業務委託契約を締結。静岡銀行の顧客向けにマネックス証券が扱う金融商品の販売などの協業を実施している。

7　認定を受けることで、フィンテック事業、地域商社事業、登録型人材派遣事業、システム関連事業、広告宣伝・データ分析等業務など一定の高度化等業務を営む銀行業高度化等会社を子会社として保有する場合に個別認定を不要とし、届出のみで足りるとした制度（銀行法52条の23の２第６～８項、銀行法施行規則34条の19の６～34条の19の８など）。

8　旧池田銀行と旧泉州銀行の合併を前提として共同持株会社として設立され、設立当初は持株傘下に両銀行がぶら下がる形態をとっていた。この点で、総合サービス化を目指して〝単独で〟持株会社化を実施している事例とは異なる。

9　九州フィナンシャルグループ：2015年10月に設立された金融持株会社。肥後銀行のほか鹿児島銀行や九州FG証券会社などで構成される。

10　DX認定：DX推進の準備（経営ビジョンやDXに関する戦略および体制等）が整っている事業者を、経済産業省が「DX認定事業者」として認定する制度。2023年5月時点で40の地域金融機関（地方銀行、信用金庫、金融持株会社含む）がDX認定を取得している。

11　例えば、預金額が一定額以上かつクレジットカードのゴールドカード保有者を優良顧客として優先的に商品をオファーしたり、本人確認に関する情報をグループで共有して他のグループ会社での新規口座開設時には本人確認を省略して顧客UXを向上するなどのユースケースが考えられる。

12　瀬戸内ブランドコーポレーションへの出資者：地域金融機関（阿波銀行、伊予銀行、愛媛銀行、愛媛信用金庫、おかやま信用金庫、香川銀行、高松信用金庫、中国銀行、徳島信用金庫、徳島大正銀行、トマト銀行、西中国信用金庫、日本政策投資銀行、百十四銀行、広島銀行、広島信用金庫、みなと銀行、もみじ銀行、山口銀行）、民間企業（伊予鉄グループ、今治造船、岩国産業運輸、山陽電気鉄道、四国電力、四国フェリー、四国旅客鉄道、中国電力、天満屋、西日本旅客鉄道、広島電鉄、ホテルニューアワジ等）

13　SPC：Special Purpose Companyの略称であり、日本では一般的に「特別目的会社」と呼ばれる。特定の限定された目的のために設立された法人。

14　北都銀行と荘内銀行を傘下に持つ金融持株会社。宮城県仙台市が本社。

15　地域金融機関では、そのほか、川崎信用金庫、大阪商工信用金庫、遠州信用金庫、朝日信用金庫が宣言している（2022年10月現在）。

16　2007年4月に設立された金融持株会社であり、福岡銀行や熊本銀行、十八親和銀行のほか証券会社なども傘下に持つ。

17　リレーションシップ・バンキング：一般に、長期継続する取引関係のなかから、借り手企業の経営者の資質や事業の将来性等についての情報を得て、融資を実行する金融機関のビジネスモデル、とされる。

第3章

総合サービス化の本質

地域金融機関に求められる役割は大きく変化

1 「金融のハブ」から「地域のハブ」へ

昨今、法人・個人顧客や地域社会などのステークホルダーが地域金融機関に求めるニーズは大きく変化し、ニーズの〝多様化・高度化〟が急速に進んでいる。こうしたニーズの変化に伴い、地域金融機関に求められる〝役割〟は、どのように変化していく、あるいはすべきなのだろうか。

これまで長い間、地域金融機関は、地域に対して円滑な資金供給を中心とする金融ハブ機能としての役割を主に求められていた。それは、人口が増加し、製造業を中心とした企業の業績も右肩上がりが続く高度経済成長を前提としたなかでの役割であった。しかしながら人口減少が加速し経済環境も複雑・多様化している現在、地域金融機関は単なる資金供給にとどまらず、企業の競争力を抜本的に改善させるような非金融サービスの提供や、地域経済の源泉である個人の生活全般を支援するような金融と非金融をセットしたワンストップサービスの提供、地域・事業者・個人を結ぶプラットフォームの組成、新産業の育成など、多面的な価値提供をトータルで行う

〝総合的な地域のハブ〟としての役割が求められている。地域金融機関は地域における中心的な企業として、地域に根差した総合サービス企業への転換が求められているといえるだろう。

ただし、ここで忘れてならないのは「適切な」資金供給のニーズはこれまでと変わらず存在していることである。例えば地域の中小企業に対しては、円滑な資金供給をこれまでと変わらず継続し、そのうえで、事業活動を維持・発展するための人材支援やコンサルティングなどを提供するべきなのはいうまでもない。地域の個人に対しては、主にライフイベントに基づいた融資等を提供し、そのうえで、より身近で個々人のニーズに応じた生活周辺サービス等の提供を考えるべきである。総合的なサービスの提供には、このような目線感が肝要であることを改めて強調しておきたい。

Tips!

法人顧客からのニーズに関する金融庁調査

金融庁は、地域金融機関等をメインバンクとする中堅・中小規模企業3万社に対してアンケート調査を実施し、その結果を公表している。2022年度の調査（2022年2月21日から3月25日に実施）では、今後、金融機関から受けたいサービスとして、「資金繰り表の作

図表3－1　金融庁企業アンケート調査の結果

（%）

	金融機関から受けたいサービス		左記のサービスのうち手数料を支払ってもよいと考えるサービス	
	2021年度	2022年度	2021年度	2022年度
資金繰り表の作成支援	8.3	14.5	27.8	16.1
事業計画の策定支援	11.5	17.0	39.7	27.1
財務内容の改善支援	14.6	23.9	32.9	22.3
経営人材の紹介	18.6	23.1	47.1	48.3
取引先・販売先の紹介	50.1	56.2	35.7	35.9
業務効率化（IT化・デジタル化）に関する支援	—	30.6	—	36.4
事業転換に関するアドバイス・提案	12.0	12.2	42.4	31.3
事業承継に関するアドバイス・提案	18.6	27.1	38.2	32.5
廃業のためのアドバイス	2.0	3.3	36.2	30.7
各種支援制度の紹介や申請の支援	38.6	54.5	29.7	23.4
気候変動リスクに関する支援	—	6.1	—	20.9

（注）　複数回答
（出所）　金融庁「金融機関の取組みの評価に関する企業アンケート調査」（2021年8月31日、2022年6月30日）をもとに当社作成

成支援」「事業計画の策定支援」など、従来の金融コア事業を前提とするサービスの提供を希望する企業の割合はいずれも15％前後であった［図表3－1］。それに対し、「取引先・販売先の紹介」や、「経営人材の紹介」「業務効率化（IT化・デジタル化）に関する支援」など総合サービス化に資する非金融事業の支援を求める割合は23・1％～56・2％と高く、かつ、サービスを受けたいと回答している企業のうち、こうしたサービスに対して手数料を払ってもよいと回答した企業の割合が3割を超えている。特に、「経営人材の紹介」においては、48・3％とおよそ半数の企業が手数料を払ってもよいと回答している。

各地の地域金融機関においては既に、「取引先・販売先の紹介」はビジネスマッチングや地域商社事業として、「経営人材の紹介」は有料職業紹介事業として、「業務効率化（IT化・デジタル化）に関する支援」はDXコンサルティングなどの事業で法人向けのサービス提供が進んでいる。

この調査結果からもわかる通り、**企業が地域金融機関に対して求めているニーズは昨今、非金融事業へとシフトしてきている**。それは、総合サービス化が法人向けで進んでいることの1つの裏付けともいえる。

2　地域の世話役・仲介役に

サービス拡充を進めるにあたっては、必ずしも地域金融機関単体で各種サービス提供を完結させる必要はなく、グループ内外の企業を活用・共創して進めていくべきである。グループ内であれば銀行子会社や銀行兄弟会社を、グループ外であれば地域における既存事業者と共創・支援してサービスを拡充していく必要がある。

例えば、IT関連の分野などが最たる例であるが、グループ内であれば既存のIT子会社のサービス拡大・高度化を進めるなどしてサービスの拡充を進めていくのが望ましいだろう。第2章で紹介した、肥後銀行がグループ内のITソリューション保有企業と連携し自行法人顧客のDX化を進める取組みなどは、その好事例といえる。

一方、グループ外であれば、地域内の既存事業者との連携や、ハンズオンで個人や企業の事業拡大を支援するスキームがある。あるいは地域外のサービス提供業者と連携・活用するという方法も考えられる。

また、地域のハブとしての役割には、**自らサービスを提供するだけではなく、自らは黒子となって、地方創生の旗印のもとに事業者同士や自治体を繋ぐ世話役・仲介役の機能も含まれるだろう。**例えば近年、地方創生SDGs官民連携プラットフォームなどの自治体主導の取組みにおいて、地域金融機関は大きく存在感を発揮している。これは、地域金融機関の強みであるファイナンス・目利き力・事業計画力などはもちろんのこと、地域内外のコネクションを最大限に活用し、そのハブとなり様々な事業者を仲介し繋げることが最大のポイントとなっているものと考える。地域金融機関にとって、地域のプレイヤーの有機的な連携を支援することはリレーションシップ・バンキングの実現に繋がり、非金融事業だけでなく、金融事業を含めたトータルでの収益効果に繋がることが期待できる。

総合サービス化の実現に向けては、この地域の世話役・仲介役機能が1つのポイントになると筆者は考えている。地域内で事業意欲がある人材や地域課題にリーチした事業を見つけ出し、既存のリレーションを使って繋いでいくことで、いわば地域の事業プラットフォームのような役割も果たせる。従来、地域金融機関が〝ビジネスマッチング〟として行ってきたことからより踏み込んだイメージである。例えば、地域金融機関側で事業計画を作成したり、資本や人材を入れたり、あるいは一定期間経営するといった地域金融機関として一定の経営資源を投入する選択肢も総合サービス化の世界で増えてくるのではないだろうか。

3　総合サービス化の中心となるべき「地域の一番手行」

総合サービス化を進めるにあたり中心となるプレイヤーは、やはり地域の一番手行であろう。

一番手行は従来より、金融の側面から地域における中心的な役割を担ってきており、自分たちが地域を支えているという自覚を持っている。それに加えて、一番手行に対する地域の顧客、地域社会のニーズや期待している目線感は、二番手行以下あるいはメガバンクや異業種参入組など他の金融機関に比して、多様性・複雑性があって高い。そのため、一番手行は自分たちが「やらなければならない」という、ある種外部からの圧力に近い形での使命感が醸成されているという点も背景にあると思われる。

この使命感に駆り出され、第2章で解説したような総合サービス化に資する事例、特に非金融サービスへの進出も地域の一番手行を中心に取組みが広がっている状況である。一番手行は、地域における名門・トップ企業や行政機関を主要顧客として事業を展開しており、これら地域におけるトッププレイヤーの企業や行政機関と連携・共創しつつ総合サービス化を目指していくというのが一般的なストーリーであろう。地域金融機関が地域経済の活性化のため、地域のインフラ企業やマスコミ、あるいは第三セクター方式で行政機関との共同出資により地域商社を立ち上げるといった事例がその最たるものであろう。

二番手行や信金・信組などの非金融事業の取組みはあるものの、一番手行が進めるような全方位的な取組みではなく、個別の顧客ニーズに沿った事業展開という印象である。彼らは経営資源の問題もさることながら、地域の中堅・中小企業や個人事業主など一番手行よりもさらに地域に

図表3－2　顧客・地域社会の総合サービス化のニーズ

	金融コア事業	金融関連事業	非金融事業	
地域一番手行	○	○	○	総合サービス化
地域二番手行以下	○	○	△	従来取引の維持が中心
信金・信組	○	△	△	従来取引の維持が中心

密着した顧客基盤を持っており、顧客ニーズも総合的なサービスを提供してほしいということよりも、融資取引の継続などで引き続き金融面から事業活動の維持を支えてほしいというニーズが中心だと思われる［図表3－2］。様々な方面の非金融事業に領域を広げるというよりも、これまでの金融取引の延長線上としてのコンサルティングやビジネスマッチングなど、限定的な範囲で非金融事業に取り組んでいくものと思われる。一方で、創業間もなくビジネス拡大やデジタル化などのニーズが高く、金融と非金融の両面で支援していくことが必要な急成長企業などに対しては、例えば一番手行と連携することなどによって総合サービス化のニーズを地域金融機関連合として応えていくような発想も必要ではないだろうか［図表3－3］。

ちなみに2022年7月、北海道の大地みらい信用金庫が信用金庫として全国初の地域商社「株式会社イーストフロント北海道」を設立した事例をどう考えるべきか。大地みらい信用金庫は釧路・根室地域の自治体の指定金融機関であることに加え

図表３－３　総合サービス化のメインプレイヤー

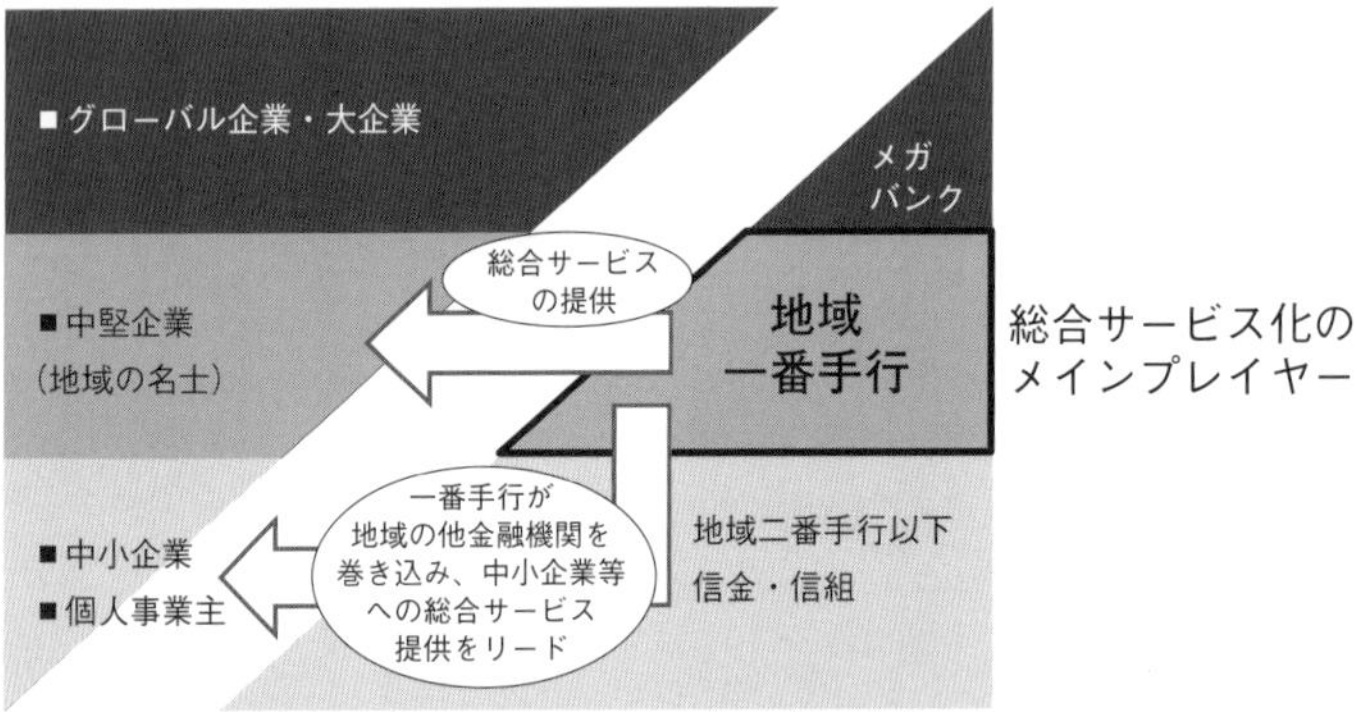

て、根室・釧路管内に本社を置く企業のメインバンクとしてトップシェアを誇る（帝国データバンク調べ）。また、産学官連携の取組みなども活発に行っている。つまり、大地みらい信用金庫は実質的に地域の一番手行としての役割を果たしており、総合サービス化に取り組むべきニーズを地域社会から強く受けていたものと推察され、これらを背景として非金融事業である地域商社を設立したものと考えられる。

地域金融機関と一口にいっても、一番手行、二番手行、信金・信組など地域内のポジションによって顧客ポートフォリオ、顧客からのニーズは異なり、それぞれの役割を意識したサービス提供を実施していくことが肝要である。この点について筆者は、総合サービス化は地域の一番手行が中心となって実現していかなければならないと考えている。一番手行が総合サービス化を進めるなかで、二番手行や信金・信組など他の地域金融機関とも連携し、中堅・中小企業や個人事業主などの顧客に対しても必要に応じて非金融サービスを提供し、彼らの事業維持や成長を実現していくのが目指す姿となろう。

行政や政治が地方創生を重点施策として打ち出すなか、一番手行に対する地域の期待値（外圧）はどこの地域でもますます高まっている。これに応えて経営資源を適切に配分し、事業の選択と集中を進めていかなければならない点において、一番手行はこれまでの銀行経営とは趣の異なった未知なる挑戦を続けていかなければならない。

Tips!

「総合商社」に近づくビジネスモデル

総合サービス化の基本的なスタンスは〝地域経済の黒子となり、下支えする役割〟だと考えている。一方で、地域特性によっては、〝地域金融機関自らが地域経済の成長をドライブする、地域における総合商社のような役割〟を目指すという方向性もあるのではないか。

前者のスタンスでは、地域経済を構成する各地域企業が、自らマクロトレンド（特に社会的なニーズやテクノロジーの変革など）を正しく捉え、自らのビジネスモデルを自らの手で前進させていくことが求められる。しかし、地域を取り巻く環境は、これまでも、そして今後も非常に厳しい見通しが続いている。そんななかで、多くの地域企業に自立的な成長を求めることは容易ではない。ならば、地域経済の成長への手綱を地域金融機関が握ることで、地域の経済活動をより効率化し、様々な地域企業を繋いで新たな化学反応をうみだすことも、選択肢の1つになるのではないだろうか。具体的には、地域金融機関が地域の産業と顧客ニーズとを正しく組み合わせ、地域全体のあるべきバリューチェーン構想を企画する。そして、その構想に基づき、事業投資とアドバイザリー、成長に向けたコンサルティングやデジタル化支援などを通じて、地域におけるバリューチェーンを構築して地域企業の事業力の底上げを図るといった取組みである。そのためには、地域金融機関グループとしてコンサルティング会社や投資会社・アドバイザリー会社、地域の横断的なデジタル化を図るためのIT会社などの体制構築などが不可欠となるだろう。いわば、〝**地域版の総合商社**〟として、**総合商社のビジネスモデルに近づいていく**ともいえる。

地域金融機関が、地域における総合商社となることで、様々な地域企業を有機的に連携させ、地域におけるバリューチェーン変革を起こすことで持続可能な価値を共創する地域エコシステムを構築し、地域経済の新たな成長を描く。そのような未来もあり得るのではないか。

総合サービス化を実現するために必要なこと

1　サービスの「面」を拡大

総合サービス化を実現するためには、顧客や地域社会のニーズに合わせてサービスのラインナップを「面」として拡充し、顧客に対してトータルソリューションでサービス提供を行っていく必要がある。金融コア事業を中心に金融関連事業、非金融事業へと円を拡大していくモデルでいえば、円の中心となる金融コア事業を中核として、その外縁である金融関連事業や非金融事業を拡大して円の外縁部をさらに広げていく発想である。

ただし、ここで留意しなければならないことが2つある。1つ目は、円の一番外側の非金融事業を広げていくにあたっては、そもそもの大前提として、銀行法の他業禁止規制の範囲内でしか達成できないことである。2021年の銀行法改正により銀行の業務範囲規制や出資規制が緩和されたが、それも無制限ではない。例えば解禁の要望が聞かれる不動産仲介業に地域金融機関は進出することができない。

2つ目は、面の拡大は地域特性を無視して語ることができないことである。地域金融機関の総合サービス化は、顧客や地域からのニーズに応えるために地域のハブとしての役割に変革するために行うものである。そもそもニーズがないところにサービス提供をしても、地域貢献、収益化は困難といわざるを得ない。地域によっては、特に大都市圏にみられるように既存の事業者が多数存在して既にサービス提供を行っており、地域金融機関による新たなサービス提供のニーズも余地もないようなところもあれば、地方部のように業者数が少なくサービスの質・量ともに不十分な地域も存在する。また、地場産業の強弱や地域に居住する住民性など多様な要素によって地域金融機関に求めるものは変わってくる。面の拡大に走りすぎるあまり、顧客目線（＝地域からの期待）を見誤って、ニーズがない方向に事業を拡大すると企業体として肥大化してしまい、人材や資金などのリソースを消耗して収益化を果たせず、誰からも喜ばれないという悪循環に陥る。

面の拡大は重要な観点であるし、第2章で解説した人材紹介、DXコンサルティング、地方創生関連事業の3分野は特に面の拡大が進んでいる分野ではある。反対にいうと、この3分野はステークホルダーからのニーズが強かったともいうことができる。人材紹介事業は取引先企業と親密な関係にあるなかで、助言するだけのコンサルティングから一歩進んだ伴走型の支援が求められていたといえる。DXも日本全体で機運が盛り上がるなか、地域においてフロントランナーたり得る業者もおらず、また、奇しくも各地域金融機関は自行のデジタル化を進めていてそこで得た知見を外部に提供する土壌もあった。地方創生は地域が求めていることにダイレクトに応えられる事業ではあるが、地域においてはまだまだプレイヤー不足であり、地域の中核である地域金融機関への待望に繋がったといった理解もできる。

今後も、日本の全体的な潮流とともに、地域特性に応じた地域に根差した事業領域へと面の拡大が進んでいくことが予想される。

2　黒子として地域のプレイヤーを支える

面を拡大する際には、基本的には自社でのサービス開発・提供を優先的に考えるのが一般的と考えるが、進出先の事業に既に地域内にプレイヤーがいる場合、あるいは地域内にプレイヤーがいなかったとしても強い課題意識を持って事業に取り組みたいという熱量のある個人や法人がいる場合はどのように考えるべきであろうか。第2章で取り上げた北都銀行とウェンティ・ジャパンのようなケースである。

この場合、地域金融機関側に進出先事業に関する事業理解があることを前提に、「創業支援」や「再生支援」「地域活性化支援」などのファンドによる投資スキームを活用して支えたり、役員や社員などを派遣して人的リソースの観点から支えたりして既存プレイヤーや新規参入組の事業進出を手助けできる。主なメリットとしては、次の4点があげられる。

① サービス提供の面の拡大に繋がること。
② ナレッジ・リソース不足を解決できること。
③ 創業支援や再生支援を通じて、金融コア事業への収益貢献が期待できること。
④ 既存事業者が既に一定の成果を上げている場合、収益化を達成しやすいこと。

また、既存事業者という「個」を事業面・資金面・人材面などあらゆる視点で支援することはリレーションシップ・バンキングの実現に繋がり、非金融事業だけの単体収益だけでなく、金融事業と非金融事業トータルでの収益貢献が期待できる［図表3－4］。

さらに、前述した地域のハブにおける地域の世話役・仲介役機能の発展形として、地域金融機関側で事業立上げから一定規模までの事業運営・拡大を行い、その事業をM＆Aなどで地域にカーブアウトすることで地域経済への還元を図っていく方法も考えられる［図表3－5］。すなわち、地域金融機関は〝インキュベーション〟に加えて〝スタートアップスタジオ〟（注1）的な機能を保有するということになる。個を支えるという発想とは若干異なるところもあるが、事業を0→1で立ち上げるのは、既に事業として成り立っているものを引き受けるのと比べると圧倒的に難しい。地域金融機関のグループに新規事業系の人材を集めるのは難度が高いものの、こう

図表3－4　“個”を支える発想の概念とメリット

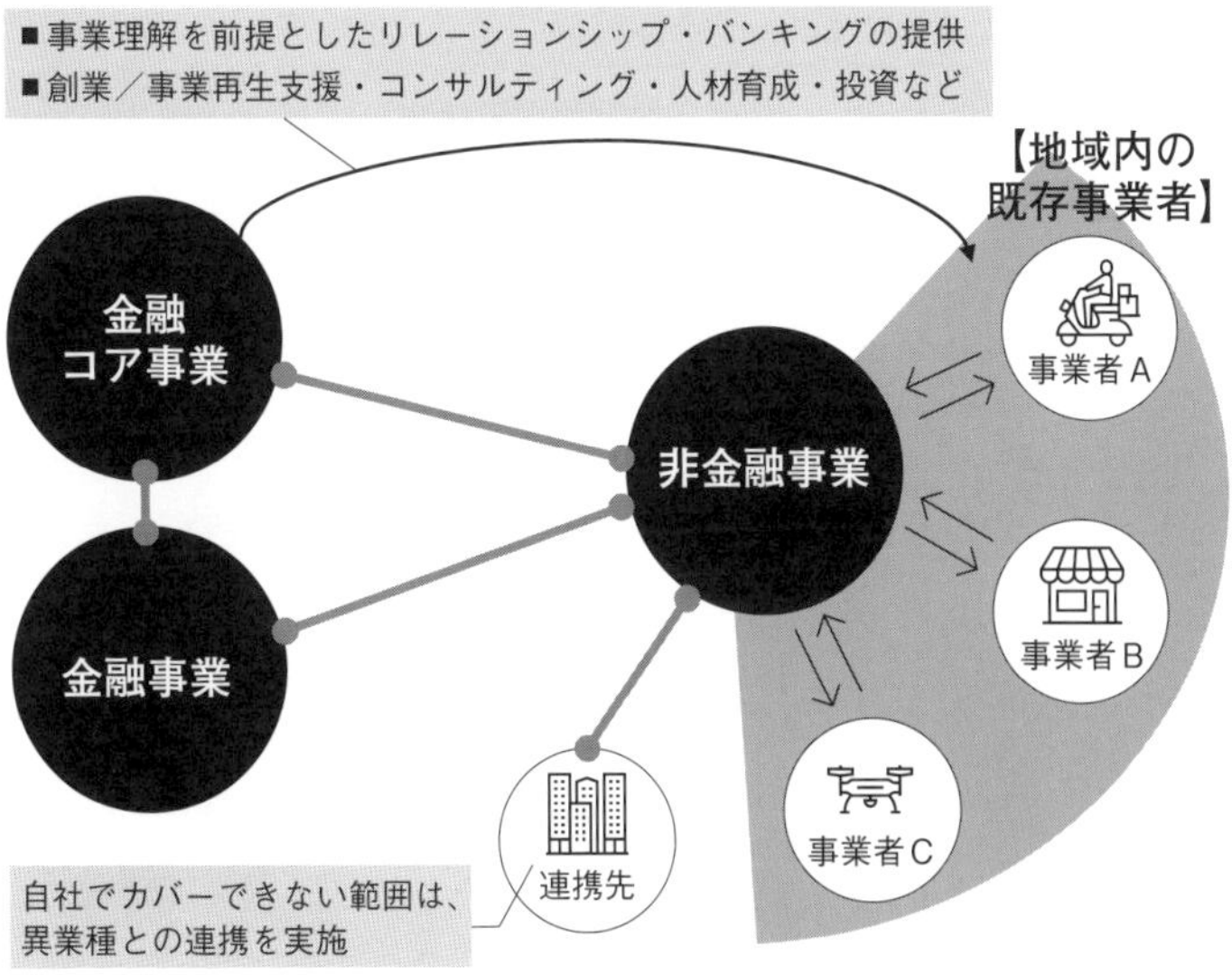

いった役割分担で事業を地域に還元していくことができるようになれば、事業の担い手も増えて地域の持続的成長にも繋がる。

なお、これら〝個〟を支える側面では地域金融機関は基本的に黒子であり、事業の表舞台に出てくるのは支援を受けた〝個〟である。ただ、これまで金融機関は前面に出てくるようなことはなかったものの、総合サービス化をきっかけにして、特に地域商社などの分野では地域金融機関あるいは地域金融機関グループの会社としてサービス提供を行うことでビジネスの表舞台に出てくるようになっている。これによって地域金融機関の意識がより外向きになり、現場感をよりリア

図表3－5　"個"を支えることで黒子に徹する

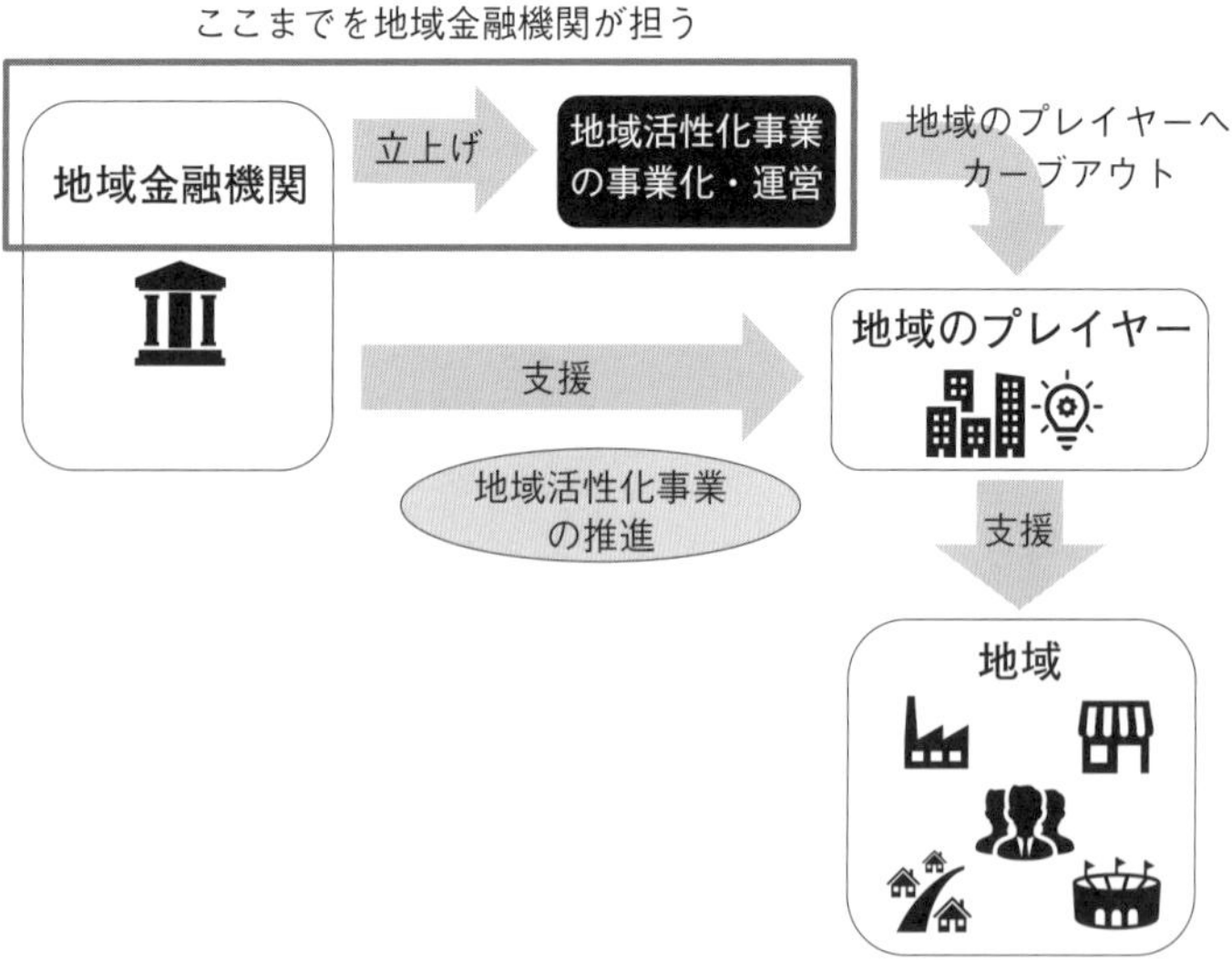

リズムを持って捉えられるようになることで金融コア事業やコンサルティング事業などへプラスの波及効果が及ぶことも考えられる。一方で、ビジネスの表舞台で立ち回ることはこれまでの地域金融機関やそこで働く社員にはなかった発想であり、ビジネスの成否という面で難度を高めることとなる。特に非金融事業に地域金融機関が進出する際の収益化の阻害要因にもなっていると考えられる。

これについて筆者は、基本的な考え方としては、地域金融機関がサービス提供主体となって進めなければならない事業以外は、地域金融機関は黒子に徹し、地域の個を支えることでサービスの外縁を広げていくという考え方のもと、総合サービス化を推進することが地域の発展にとって望ましいと考えている。

持株会社化は必要なのか

前述の通り、総合サービス化を目的として単独で持株会社化を実施したと推察されるのは、持株会社制への移行を目指していると発表している京都銀行を入れると8事例まで拡大している。ここでは、総合サービス化と持株会社の関係について考察してみたい。

まず、総合サービス化は、持株会社制への移行を実施しなければなし得ないのか。この点について筆者の見解は〝NO〟である。2021年の銀行法改正による業務範囲規制の緩和後において、非金融事業への進出については、事業主体が銀行本体か、銀行子会社か、銀行兄弟会社かによって実現可能な事業に差はないと考えられる。例えば昨今、金融業界に限らず全産業的に盛り上がりをみせているデータ分析・マーケティングに関する事業は、銀行本体、銀行子会社、銀行兄弟会社のいずれでも実現可能である。つまり、銀行本体あるいは銀行子会社としての位置付けで非金融サービスを提供していっても総合サービス化は実現可能である。実際に各地の地域金融機関の事例も、銀行本体や銀行子会社としてサービス提供を行っている形態が多い。

持株会社化のメリットは、一般的には、ガバナンスや機動的な意思決定、経営責任の明確化、専門人材の確保などのメリットが語られることが多く、地域金融機関もその他の企業においても、その趣旨で対外公表している事例が多く見受けられ、総合サービス化の推進にあたっても参考となる〔図表3－6〕。しかしながら、筆者が各地の地域金融機関と会話するなかでは、それだけで持株会社に移行する決定的な要因になるとは考えていない。

この点を考えるにあたり参考になるのは、非金融事業から金融事業に参入してきた異業種参入組の事例であると考えている。異業種からの参入事例に共通しているのは、金融事業と非金融事業のシナジー効果を目指し、自社グループ内で金融機能を保有することによって自社グループの経済圏内にいる顧客の利便性を向上し、顧客エンゲージメントの向上・顧客の離脱防止を実現していることである。各グループによって強弱はあるが、金融機能を事業戦略上の重要なポジションに位置付けて強化・推進している。

異業種参入組は、グループとしての総合力を武器に持株会社形態をとっており、例えばＫＤＤＩは傘下に金融系の中間持株会社としてａｕフィナンシャルホールディングスを設置し、中間持株会社の傘下に銀行や証券、保険などの金融系の事業会社を配置している。ソニーグループも同様に、金融中間持株会社としてソニーフィナンシャルグループを設置している。

最上位の純粋持株会社、あるいはコアビジネスである非金融業を主体として、持株の傘下に中

図表３－６　持株会社の遠心力と求心力

グループの求心力

- 資源再配分、収益・コスト構造改革の推進
- コア事業への経営資源集中とノンコア事業の切り離し
- 事業別、機能別、地域別組織編成
- 内部統制の高度化
- 持続可能性を促進

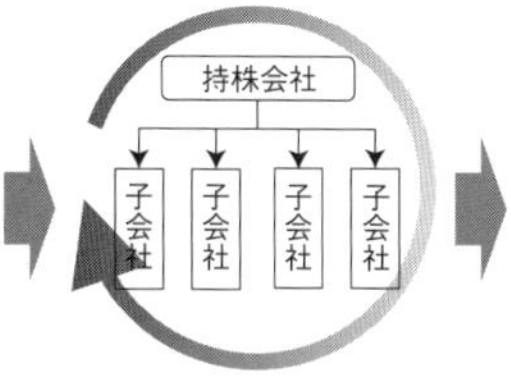

グループの遠心力

- 傘下会社の一定権限と役割をもとにした自律的な事業展開・事業拡大
- 業務軸・顧客軸の拡大
- 従来にない柔軟な発想で新たな事業へ挑戦することによる事業競争力の強化
- 顧客が抱える課題の解決に向けた支援の強化

持株会社を活用した総合サービス化の促進

考慮すべきポイント	■グループにおける業務軸・顧客軸の拡大を容易にするための企業グループの形成（流動性） ■新たなチャレンジ・変革の実現のしやすさとガバナンスのバランス感（攻めと守り） ■意思決定スピードの向上、事業専門性の追求と知見を有する経営人材の確保（速さと深さ） ■事業ポートフォリオにおける深化と探索の同時追求（適切な方向感）
期待効果	新たな事業領域の拡大／社内アセットの有効活用／顧客の課題解決／地域の持続的成長／グループ収益の拡大／既存の枠組みの打破

間持株のような形態で金融事業などの周辺事業を配置することでグループとしての総合力を発揮し、自社グループの経済圏を維持・発展させる試みといえよう。自社グループを持株会社にすることでグループとしての求心力と遠心力を高め、コアビジネスの強化と周辺ビジネスの拡大をセットにした高い成長率を実現できる。また、領域別の事業採算から、M&Aや事業の再配置を行うなど、機動性も確保している（なおソニーグループは、2023年5月、ソニーフィナンシャルグループの株式上場を前提にしたスピンオフ（分離・独立）の検討を開始すると公表している）。

翻って地域金融機関であるが、本書で述べるように地域金融機関は金融コア事業をベースにしながらも金融関連事業、さらには非金融事業へとサービスの外縁を拡大することで顧客や地域社会の維持、持続的成長の達成を目指して総合サービス化を図っている。この考え方のもと、「金融ビジネスの発展としてあくまで金融を軸とした総合サービス化を目指すのか」、あるいは「もはや金融という枠をディスラプト＝〝破壊〟して地域における総合サービス企業を目指すのか」、各地域金融機関のトップによる強いコミットメントのもと、どちらの方向を目指すのかが問われている［図表3－7］。

本書では基本的に前者の考えのもと、金融コア事業から金融関連事業、さらに非金融事業へと顧客ニーズにしたがってマーケットイン型での総合サービス化の方向性を提示しているが、後者のような金融という枠を一旦取り払ってフラットに思考する考え方ももちろん検討できると考え

図表3－7　総合サービス化の考え方

〈①金融を軸としたアプローチ〉

- 金融を軸にして非金融を拡大
- 非金融から金融への還元を見据える

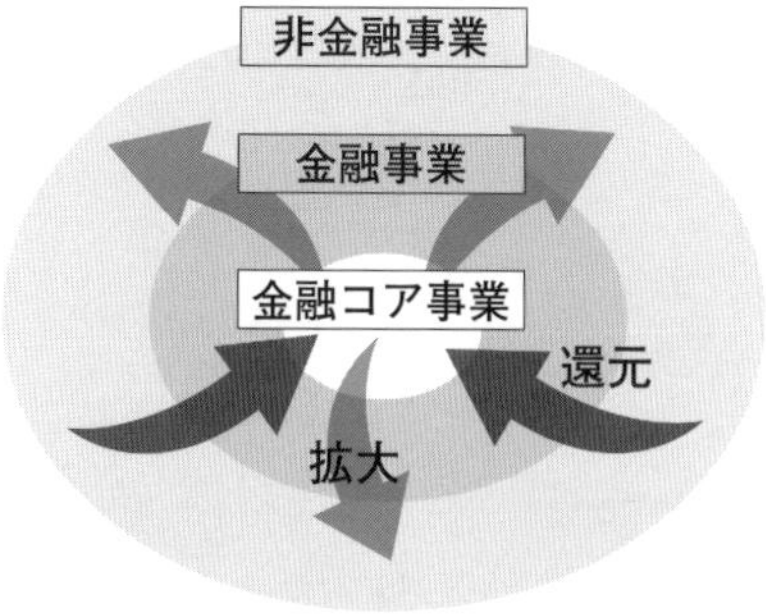

〈②金融と非金融の構造をフラット化したアプローチ〉

- 金融と非金融を対等の位置付けとして相互シナジーを創出

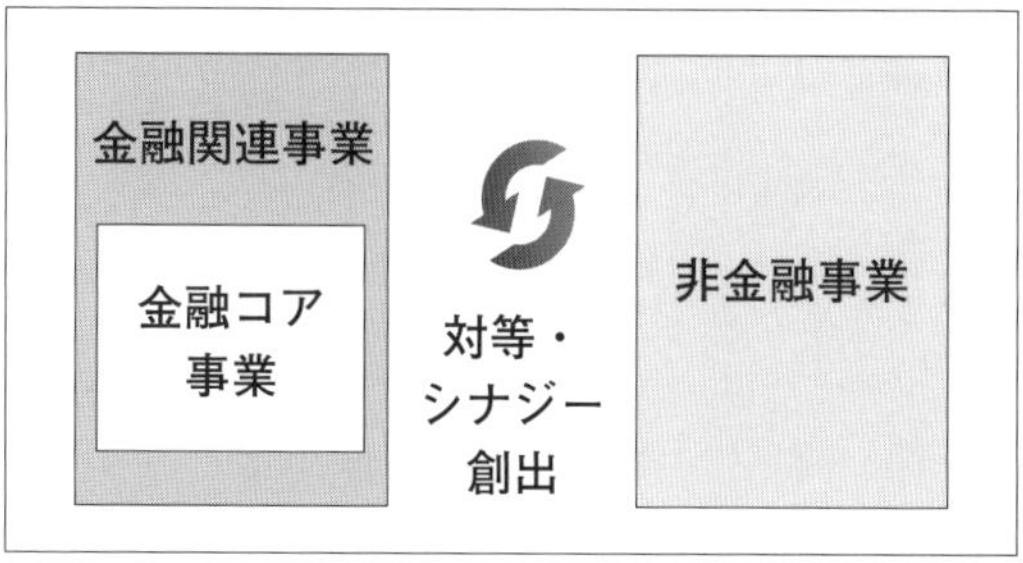

図表3－8　持株会社を用いた総合サービス化のグループストラクチャーの将来像

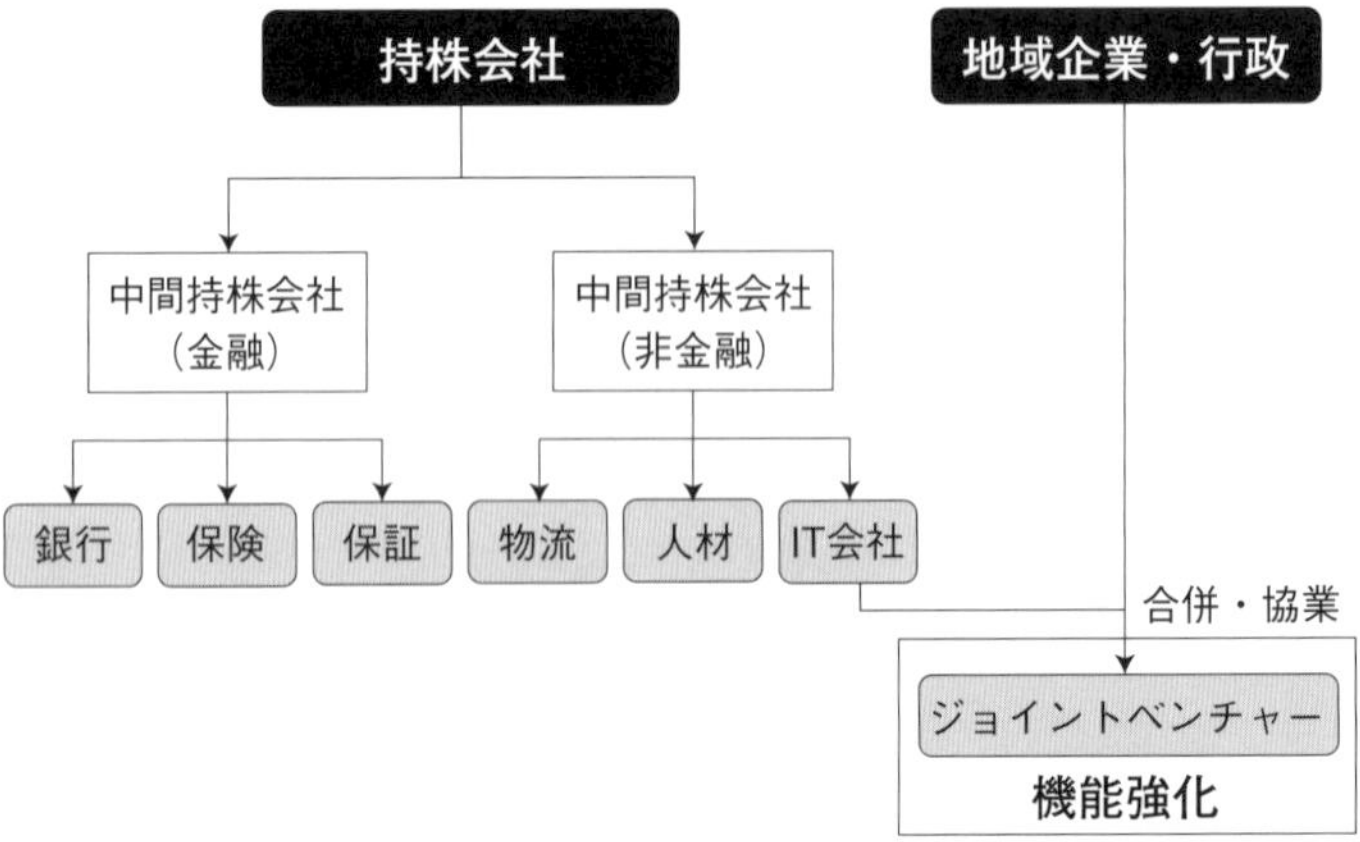

ている。非金融業からの異業種参入組のように、金融サービスを他のサービスと同列に配置して総合サービス化を推し進めていくという方向性である。地域における総合的なサービス提供企業を目指すという点からすると、むしろ後者の方があるべき姿とも思われる（注2）。

筆者は、金融の枠を取り払ってフラットに総合サービス化を推進していくために最適なストラクチャーは持株会社制であると考えている。図表3－8は総合サービス化の将来的なグループストラクチャーの考え方の一例を示したものである。純粋持株会社のもと、金融の中間持株会社と非金融の中間持株会社を設置し、各事業会社はそれぞれの傘下で事業を行い、グループ経済圏の拡大を目指すものである。地域における企業や行政機関とは、各事業会社のレイヤーでM&Aやアライアンスなどを組んで事業拡大を目指すこととなる。このストラクチャーによれば、まずは非金融事業の立上げを行い、一定の規模にまで育てたうえで地域内の企業に株式売却するなどして切り離し、経営を地域に任せていくといった地域内循環モデルの実現が容易にもなる（注3）。すなわち、持株会社としての遠心力を効かせて、地域に還元していくことが可能となってくる。その世界観では、地域金融機関は地域のハブであるとともに、インキュベーションの役割をも果たすことになる。

総合サービス化は、持株会社化しなければ実現できないものではない。明確なビジョンがないまま持株会社化をしたとしても、管理の手間や人材不足などで機能不全に陥ってしまうデメリットも考えられる。一方、地域金融機関として自社ビジネスを金融の外へより発展させ、総合サービス化していくことについて、経営トップを含めた関係者の強いコミットメントがある場合には、持株会社化という手段を使うことは有効な一手となり得る。

地域貢献と収益のバランス

地域金融機関は、非金融事業での収益化をどのように考え、図っていけばよいのだろうか。ここで、総合サービス化における地域貢献と収益のバランスについて考えてみたい。

現在、各地の地域金融機関が行っている主な非金融事業のうち、コンサルティングや人材紹介、事業承継、DXコンサルティングなどは金融事業とのシナジーが生まれやすく収益性が割と見込みやすいため、特に活発化している。一方、地域商社や観光、高齢者支援などの地域貢献を重視した事業は立上げこそしているが、金融とのシナジーが見込みにくく、実態として積極的に事業拡大して収益貢献しているとは言い難い状況である。この主要因として考えられるのは、金融コア事業の厳しい状況からくる経営資源の問題や、地域金融機関の多くが上場企業であることにより株主等のステークホルダーからの期待・要請に応える必要があることなどがあげられる。

この点、地域金融機関は、地域全体を面で支えて地域貢献を果たすという公器的な役割をも担っていることから、収益性の追求だけでなく、**地域活性化と収益性の両立を図る**ことが重要ではないだろうか。

では、どのように地域貢献と収益のバランスをとっていけばよいのだろうか。筆者は、**地域金融機関がどの領域を自身の事業として、どの領域を地域のプレイヤーに任せるか**（黒子として支援するか）、**この塩梅が重要なポイントではないか**と考えている。

地域金融機関自身が事業主体として非金融事業を立ち上げるには、0→1での事業構築に向けた外部アセット調達、グループ内の新たな機能会社設立とそれに伴う組織設計・人材計画（採用と育成）、グループガバナンスの検討など、多種多様なハードルが想定される。そのため、これだけの投資に見合うだけの収益性が高い事業や自社グループの持続的成長に資するシナジーの高い事業でない限り、地域金融機関自らの事業として手掛けるメリットは薄い。

地域には既に様々な産業・プレイヤーがおり、彼らは地域金融機関が本来支えるべき存在であり、地域金融機関が自ら事業進出することによって脅威を地域金融機関自身が作り出すというシナリオも無論望ましくない。

地域の活性化に資する事業を担っている既存企業に対しては、従来の融資に加えて、創業・事業再生ファンドによる出資や事業資金の供給と事業成長のアドバイザリー提供、経営改善に向けたDXコンサルティング、人材紹介やコンサルティングなど、金融・非金融両面からの支援を行う。また、地域の既存企業にそこまでの自立性・事業推進力が期待できないのであれば、創業支援ファンドや再生ファンドなど、ファンドによる資本を入れてハンズオンで経営支援を行う、あるいは人材紹介の一環で経営者を派遣するなどのアプローチのもと、地域の既存事業者への還元を前提とした非金融事業拡充のアプローチも考えられる。

ただ、現状では、地域活性化を担っている企業が地域内に存在しないことは往々にしてある（注4）。その場合は、地域貢献を優先し、まずは地域金融機関として地域に対する「義」を果たす発想のもと、地域金融機関が主体となって事業進出を果たすという発想が必要である。

「誰のため」「何のため」の総合サービス化か

ここまで、総合サービス化の背景や考え方などについて解説した。ここで改めて、総合サービス化は誰のため、何のためにやるのか、その目的・意義について整理したい。

地域金融機関が総合サービス化を行った場合に、誰が、いかなるメリットを享受できるのか。この点、地域金融機関側の観点からすると、事業ポートフォリオが広がることによって金融以外からも収益を獲得することで、グループ収益の拡大を見込むことができる。ただし現実として、非金融事業が金融事業に匹敵するほどの収益を上げている地域金融機関はまだあらわれていない。むしろ、これまで経験してこなかったような領域の新規事業は投資回収が進んでおらず赤字が続き、本業収益を圧迫しているのが現実の立ち位置ではないだろうか。前述した通り、今後、金融と非金融を同列に位置付けて地域の総合サービス企業を本気で目指そうとする場合、非金融事業の収益化、その先のコアビジネス化は現時点では難度が高い挑戦となる。

では、収益貢献以外の側面ではどうか。顧客の観点と地域の観点で考えてみたい。

① 法人顧客

昨今はＶＵＣＡの時代と呼ばれることがあるが、これは都市部に限ったことではなく、地域に

図表3－9　地域金融機関による法人向けの総合サービス提供（イメージ）

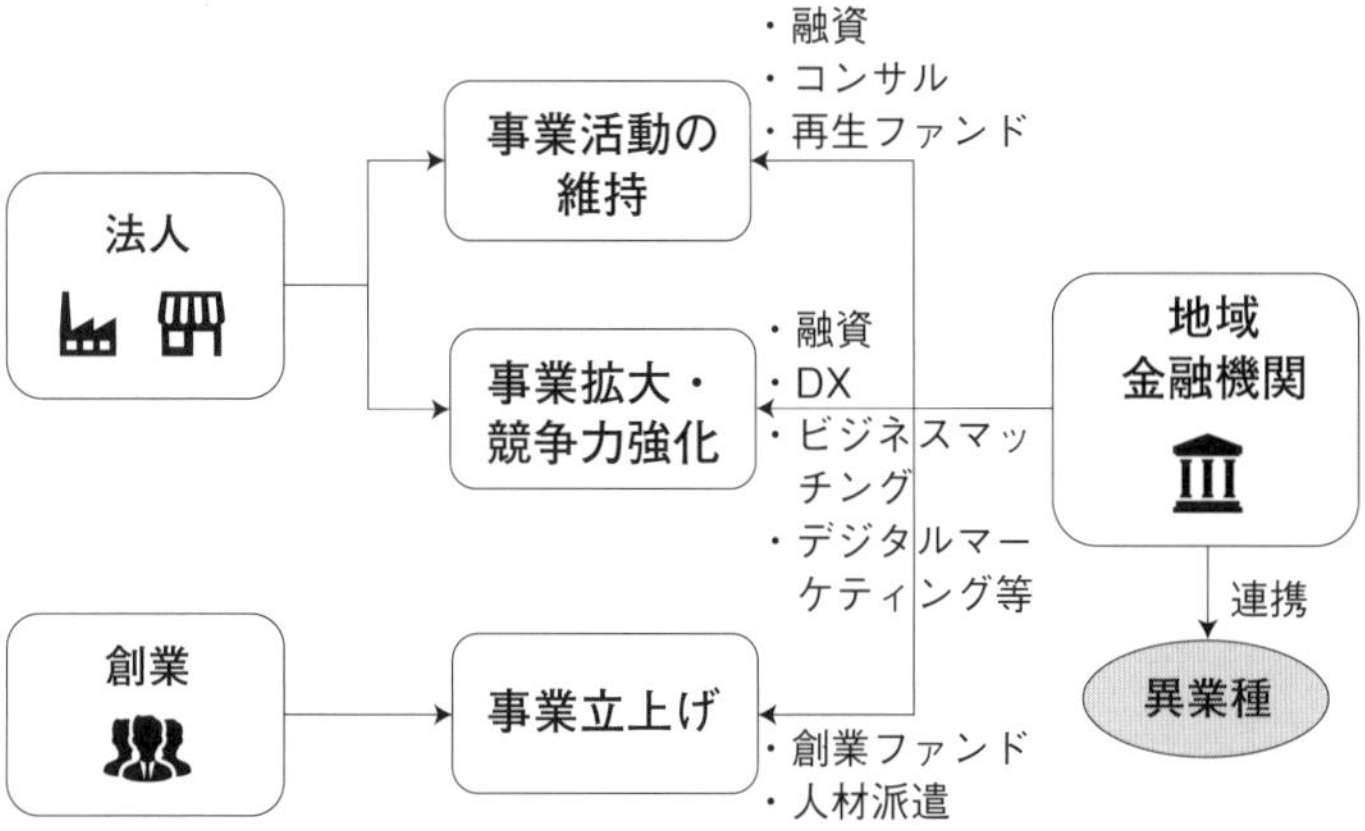

とっても例外ではない。この変化が激しく予測不可能な環境下において、地域における事業者は、事業活動の維持に加えて新分野への挑戦、デジタル化への対応、人材確保などに取り組んでいかなければならない。また、成長企業やスタートアップ企業などはこれを好機として、さらなる事業拡大、ＩＰＯや大都市圏・グローバルなど地域外への事業進出を目指している。

　これに対して地域金融機関は、事業活動の維持に向けては融資取引を中心として金融面から企業を支えることを根幹としながらも、企業の課題解決に向けたコンサルティングや人材紹介などの非金融サービスを組み合わせて提供することができる［図表3－9］。顧客にとっては、〝自社のことをよくわかっている地域金融機関〟から、非金融サービスも含めたトータルなソリューションとしてサービス提供を受けられるメリットがある。また、不幸にも事業継続への懸念が高まっているような場合は、再生ファンドなどを通じた支援がパッケージ化される。

一方、事業拡大や競争力強化を狙う成長企業に対しては、こちらも融資によりキャッシュフローを支えることをベースにしながらも、地域金融機関ならではのネットワークを活用した異業種との連携によって、先端デジタル技術の導入などを含めて金融と非金融の側面から総合的なサービスを提供できる。

その手前の創業ニーズに対しても、創業ファンドなどと経営人材の派遣、バックオフィス機能のBPOなどをパッケージ化することで、事業立上げの成功確率や収益化までの期間短縮を図ることが可能となる。

これらに鑑みれば、地域金融機関の総合サービス化は、法人顧客にとってメリットのある打ち手といえよう。

② 個人顧客

次に、個人顧客について考えてみたい。個人顧客と地域金融機関との付き合いといえば、預金取引とローン取引（住宅ローンや目的別ローン）が大半と思われる。地域金融機関に求めるものも、窓口時間の延長や夜間取引、ATM利用手数料の優遇など、主に金融コア取引に関するものが主である。

図表３－10　地域金融機関による個人向けの総合サービス提供（イメージ）

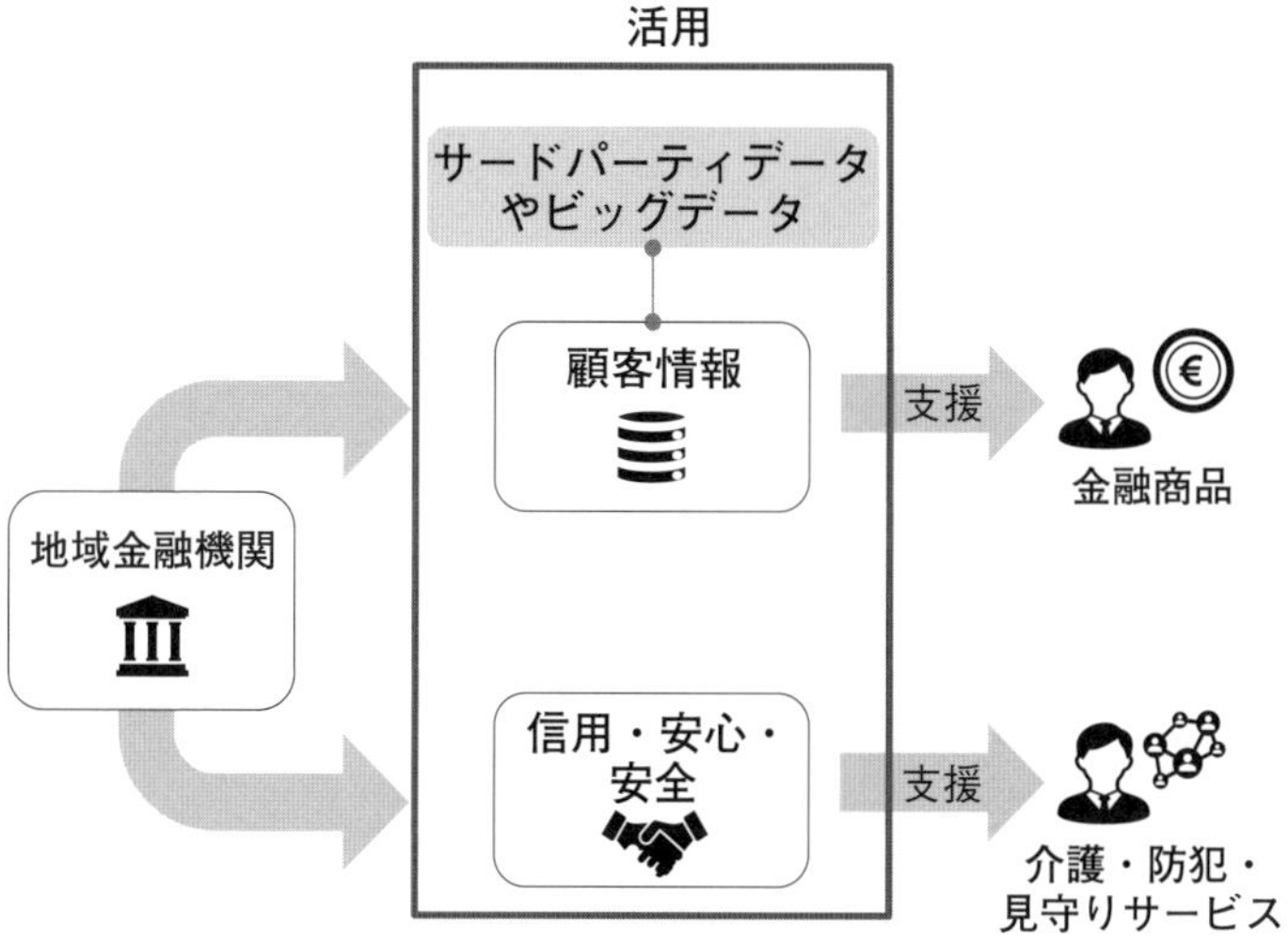

例えば介護事業などの個人向けの非金融サービスは、どの地域でも既に事業者がサービス提供を行っており、地域金融機関にその役割を求めているとは思えない。一方で、金融に関連する周辺サービスや、金融機関の安心・安全・信頼といったブランド力を背景とするサービスは個人顧客にとってもメリットが高いと思われる。例えば、ＦＰによるライフプラン・資産運用の相談や、介護や防犯に関する事業、さらには独立して別居する子息のために地方に住む両親の見守りなどを行う事業などがそれにあたると思料する。また、これらの事業が成立する背景にもなっているが、地域金融機関が保有する個人顧客に関する情報は他業種で

は獲得が難しいものが多い。これは地域金融機関に対する高い信頼に基づくものである。個人資産や年収、家族構成、ライフイベントなどのデータをもとにしたパーソナライズされた広告配信が受けられるなどのデータ利活用サービス、あるいは情報銀行といったサービス提供は個人顧客にとってもメリットが高いのではないか［図表3－10］。

このように、金融事業に関連するサービスや、地域金融機関が築いたアセットをもとにしたサービス提供を行う意味での総合サービス化は、個人顧客に対してもメリットのある打ち手といえる。

③ 地　域

最後に、地域社会に対する関係から考察してみたい。地域社会、すなわち行政や地域住民、企業や学校といった地域におけるステークホルダーは、地域金融機関が総合サービス化することでメリットを享受できるであろうか。この点に関して筆者は、これまで地域のなかで担い手がいなかった先行的な事業や、地域活性化に直接繋がる事業、投資回収が長期にわたるような規模であったり地域でコンソーシアムを組んで取り組んだりするような公益的な事業に地域金融機関が取り組むことは、地域にとってメリットがあると考える。地域社会に活動のプラットフォームを提供したり、地域に利益を還元したりすることで持続的な成長に直接・間接的に繋がる。地域商社や再生可能エネルギー、地方創生ファンドなどがその例といえる。地域金融機関が総合サービス化するということは、言い換えれば地域のために活動するためのサービスの面が広がることと同義であるため、地域社会はそのメリットを享受できる関係にある。

このように、地域金融機関が総合サービス化に取り組むことで、グループ収益への貢献という定量的な果実を刈り取りにいくとともに、法人顧客・個人顧客・地域へのメリットをもたらすことが期待できる。加えて、昨今の水面下の動向として、早期に新たな取組みを確立した地域金融機関が、別地域で類似の課題を有する地域金融機関に対して有償による支援を行うといった話を耳にすることがあり、収益化のバランスを意識しながらも各地の地域支援に資するという兆しもみられるようになってきた。なお、グループ収益に貢献するということはすなわち、株式価値を高め株主への還元や買収防衛にも資することが期待できる。また、非金融事業も含めた総合的なサービス展開をしている企業という評価がされれば、それぞれの領域ごとにスペシャリティ、バラエティある人材を採用しやすくなる。長期的にみて、地域金融機関がさらなる変革を進めていくためのエッジの立った人材が集まりやすい環境が整えられるといえよう。

地域密着ならではのやり方

いうまでもなく、地域金融機関は自社のサービス提供を通じて地域の経済活動の維持、持続的成長の達成に向けた責任を負っている。この「地域」軸が、メガバンクや非金融からの異業種参入組がビジネスを展開する場合との違いであり、既に述べた通り〝地域〟にメリットをもたらすことが総合サービス化の前提となる。

一般的に考えれば、サービスの枠に地域の概念を当てはめることで、サービスの提供地域やターゲットの幅が狭まるというデメリットがあるように考察する向きもあるかもしれないが、筆者は必ずしもそうとは考えていない。地域軸は、事業への制約よりも、むしろ活用可能なアセットとして活用できるものと考える。

つまり、メガバンクや異業種参入組は、全国あるいはグローバルレベルといったマクロな市場を面で捉えて、あるいはデジタル空間内で事業展開を行っており、全国一律で使いやすいサービス提供を行うことで事業拡大を図っている。これに対して地域金融機関は、顔のみえる関係のなかで〝地域特性に応じたオーダーメイド型〟で小回りの利くサービス提供を行っており、メガバンクや異業種参入組がリーチしようとしてもできない層にリーチしている［図表3－11］。さら

図表３－11　地域金融機関のターゲット

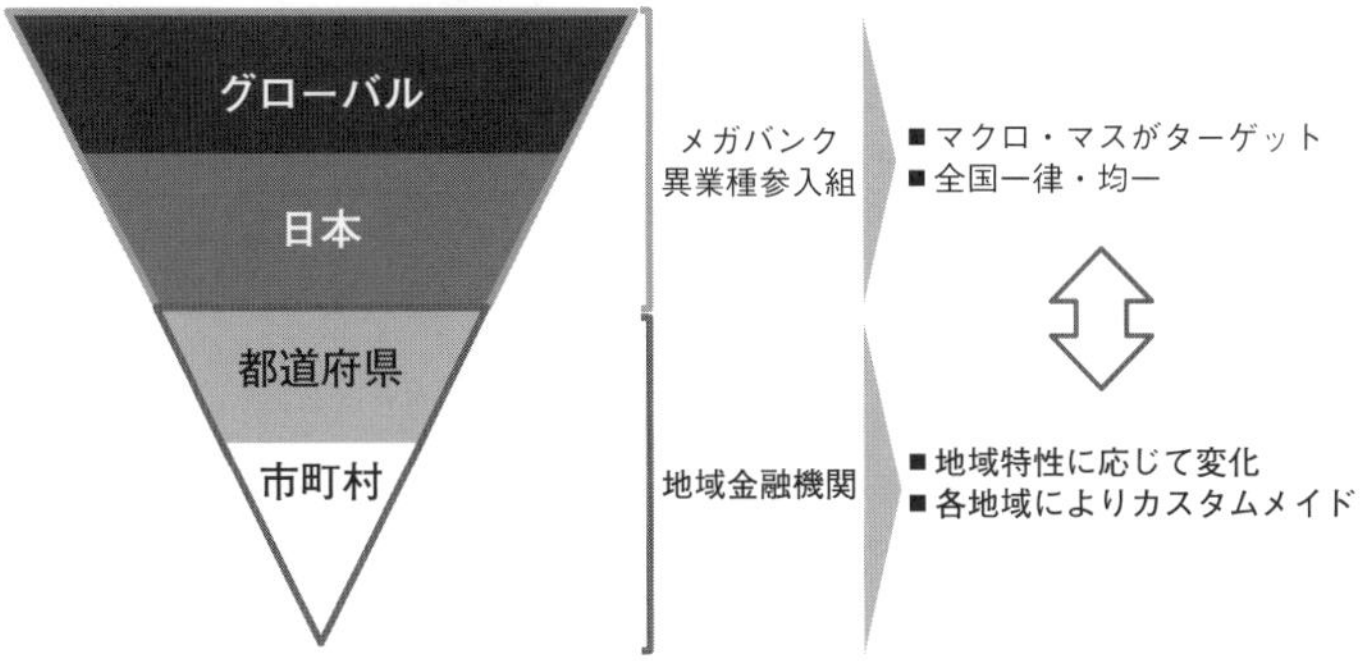

に、デジタル化の潮流とは逆行し固定費が収益圧迫の要因ともなっているが、ＡＴＭや店舗網などを地域にきめ細かく張り巡らすことによるリアルな接点の確保を通じて、地域住民や地域企業の相談の場となっている。これら有形無形のアセットを活用し、例えば地域金融機関が総合サービス化の一環としてデジタルバンクや銀行アプリなどデジタルの取組みを推進したとしても、全店舗を廃止して完全にデジタルに移行するような発想は考えづらい。それは異業種参入組と正面から競合関係になるとともに、なにより地域のニーズを無視することに繋がる。余剰なリアル店舗の統廃合は進めたり、非金融事業のために転用するとしても、アプリから各種相談予約などを行うページを用意して、リアル店舗で対面相談を行うといったチャネルは残すことで、地域版のOnline to Offline戦略を実現していくといった目線感が必要になるのではないだろうか。

　メガバンク・異業種参入組と地域金融機関とは、一部の顧

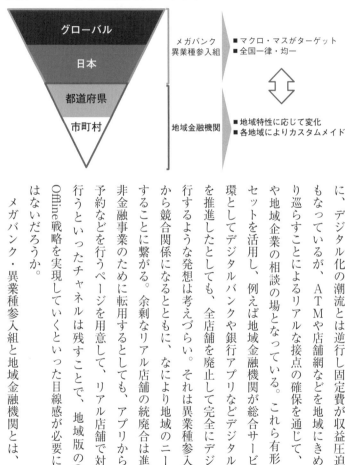

客がバッティングして地域金融機関にとっては顧客流出の脅威となっていることもあるものの、前述の通り目線感が異なるため、本質的には競合たり得ない。地域金融機関が総合サービス化を行うにあたっても、メガバンクや異業種参入組の考え方・やり方を一定程度参考にする必要はあるが、同じことをやる必要は全くない。地方には地方のやり方があると考えている（注5）。

Tips!

総合サービス化に資するビジネスアイデア

これまで、地域金融機関は、多種多様な軸から総合サービス化に資するサービスに取り組んでいる。そこで、地域金融機関が今後検討に値すると思われるビジネスアイデアの例を2つ紹介したい。1つ目は地域情報を利活用したビジネス、2つ目は地域商社×ファンドビジネスである。

① 地域情報を利活用したビジネス

既知の通り、昨今、Ａｍａｚｏｎや楽天などをはじめとした多くのプラットフォーマーは、サービス提供のなかで収集・蓄積したデータに基づいて、パーソナライズマーケティングを展開している。ウェブ3・0の時代が遠くない未来に実現されるといわれ、このような

〝情報・サービスのハイパーパーソナライズ〟の潮流はますます加速するだろう。

一方、金融機関がパーソナライズした情報・サービスを利活用するには、業法的な制約が常に大きな問題として残る。そこで、個々人のデータをデータマネジメントプラットフォーム（DMP）に蓄積して統計処理を行い、個人を特定せず個人情報保護の観点で疑義が生じないようにデータを加工するなどデータ利活用の土台を整えたうえで、新たなニーズ・市場を可視化するというアプローチは考えられる。そして、可視化した新たなニーズや市場に対して、地域金融機関が持つコネクションに基づいて、仲介役として地域の様々な事業者・産業（事業・商材）を結び付け、地域の新たな主要産業に成長させる。あるいは、地域版のスーパーアプリや地域版のメタバースといったプラットフォームを用意し、そこでのビジネス創出を支援する。地域の情報を事業者に提供することで、事業者のビジネス創出、拡大に寄与することができるだろう。このようなデータドリブンなビジネスは、そう遠くない未来において実現されているのではないだろうか［図表3－12］。

②　地域商社×ファンドビジネス

地域商社は一般に、地域内における魅力ある商品を企画・開発したり、仕入れ先や生産者を見つけたりしたうえで、これら地域産品の販売先を開拓して地域外へのトレーディングを活発化させて収益を拡大し、川上側（生産者・工場・地場メーカー）に利益をもたらすことが

図表3－12　地域情報の利活用ビジネス

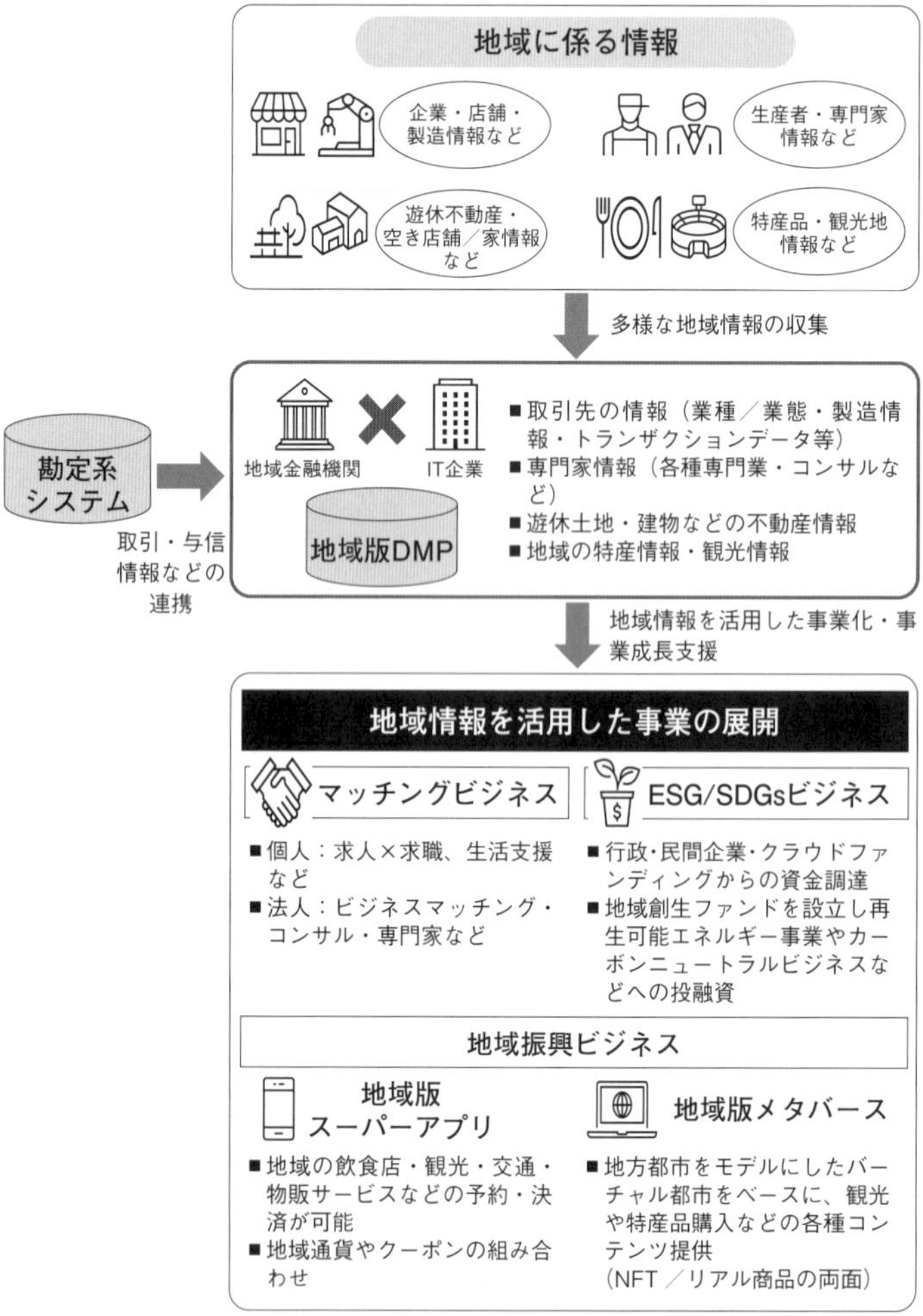
地域に係る情報
企業・店舗・
製造情報など
生産者・専門家
情報など
遊休不動産・
空き店舗／家情報
など
特産品・観光地
情報など
多様な地域情報の収集
勘定系
システム
取引・与信
情報などの
連携
地域金融機関
IT企業
地域版DMP
■取引先の情報（業種／業態・製造情報・トランザクションデータ等）
■専門家情報（各種専門業・コンサルなど）
■遊休土地・建物などの不動産情報
■地域の特産情報・観光情報
地域情報を活用した事業化・事業成長支援
地域情報を活用した事業の展開
マッチングビジネス
ESG/SDGsビジネス
■個人：求人×求職、生活支援など
■法人：ビジネスマッチング・コンサル・専門家など
■行政・民間企業・クラウドファンディングからの資金調達
■地域創生ファンドを設立し再生可能エネルギー事業やカーボンニュートラルビジネスなどへの投融資
地域振興ビジネス
地域版
スーパーアプリ
地域版メタバース
■地域の飲食店・観光・交通・物販サービスなどの予約・決済が可能
■地域通貨やクーポンの組み合わせ
■地方都市をモデルにしたバーチャル都市をベースに、観光や特産品購入などの各種コンテンツ提供
（NFT／リアル商品の両面）

期待されている。一方、地域の生産者や工場は、生産能力や商品企画能力などが不足していたり、販路拡大が見込めるとしても川中（流通・物流・倉庫）や川下（小売・広告・マーケティング）に商いを拡大する余力がないところが多いだろう。

そこで、地域金融機関による地域商社の機能強化として、創業支援ファンドの機能を付与することも一案だと考える。バリューチェーン構想を描き、ファンドの立場でバリューチェーンを構成する川上・川中・川下の各企業に対して出資を行い、ハンズオンでの経営のアドバイザリーや商品開発・ブランディングなどにより成長を促すことで、バリューチェーン全体の最適化をグリップするという方法である［図表3－13］。

これまでの地域商社は魅力ある商品を「見つけてくる」「既存の商流に乗せる」という既存の商流の活用が基本にあったが、これを「創り出す」方向にドライブをかけるためにファンド機能を持たせるという発想である。

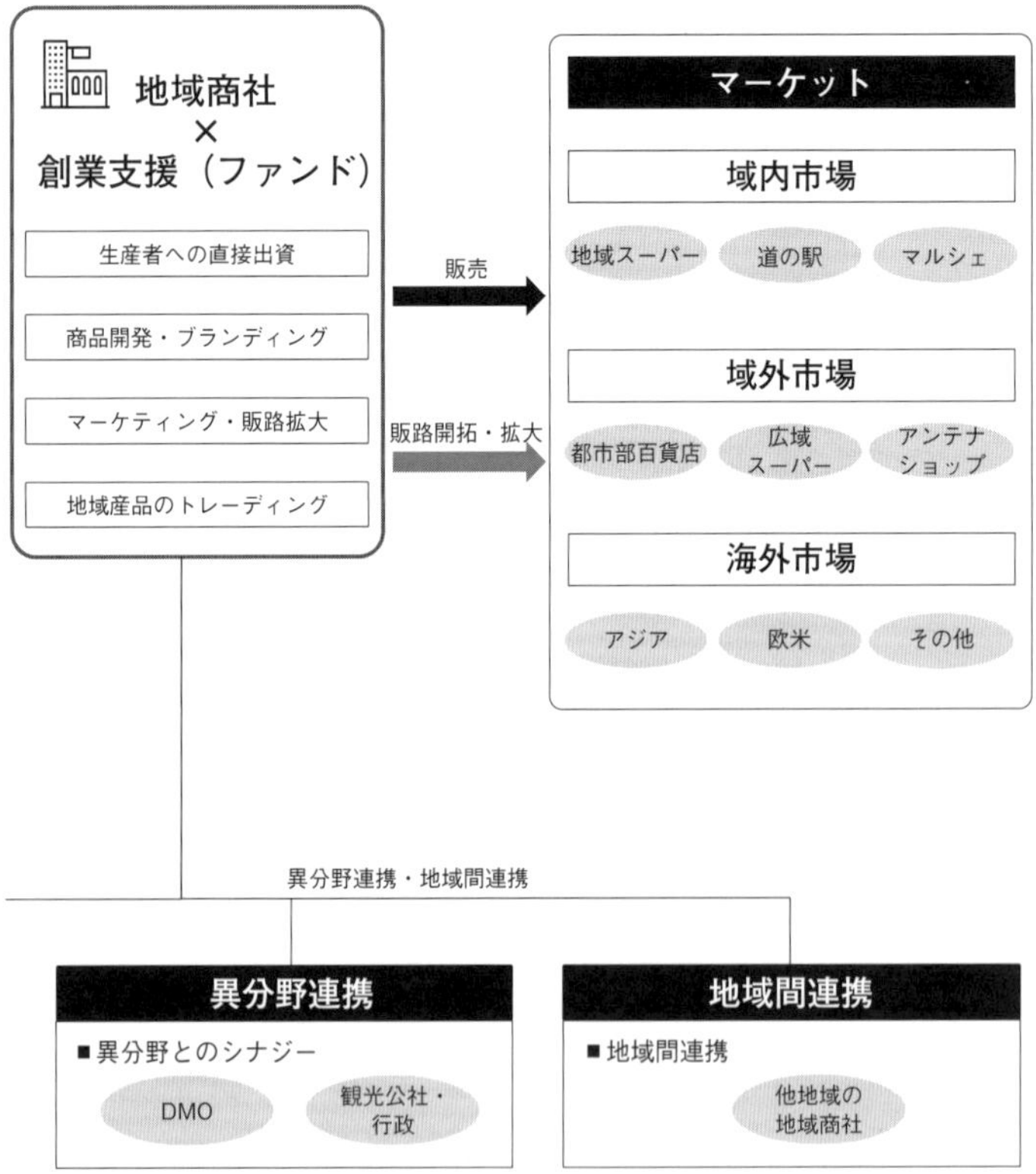
地域商社
×
創業支援（ファンド）
生産者への直接出資
商品開発・ブランディング
マーケティング・販路拡大
地域産品のトレーディング
販売
販路開拓・拡大
マーケット
域内市場
地域スーパー
道の駅
マルシェ
域外市場
都市部百貨店
広域スーパー
アンテナショップ
海外市場
アジア
欧米
その他
異分野連携・地域間連携
異分野連携
■異分野とのシナジー
DMO
観光公社・行政
地域間連携
■地域間連携
他地域の地域商社

図表3－13　地域商社×ファンドビジネス

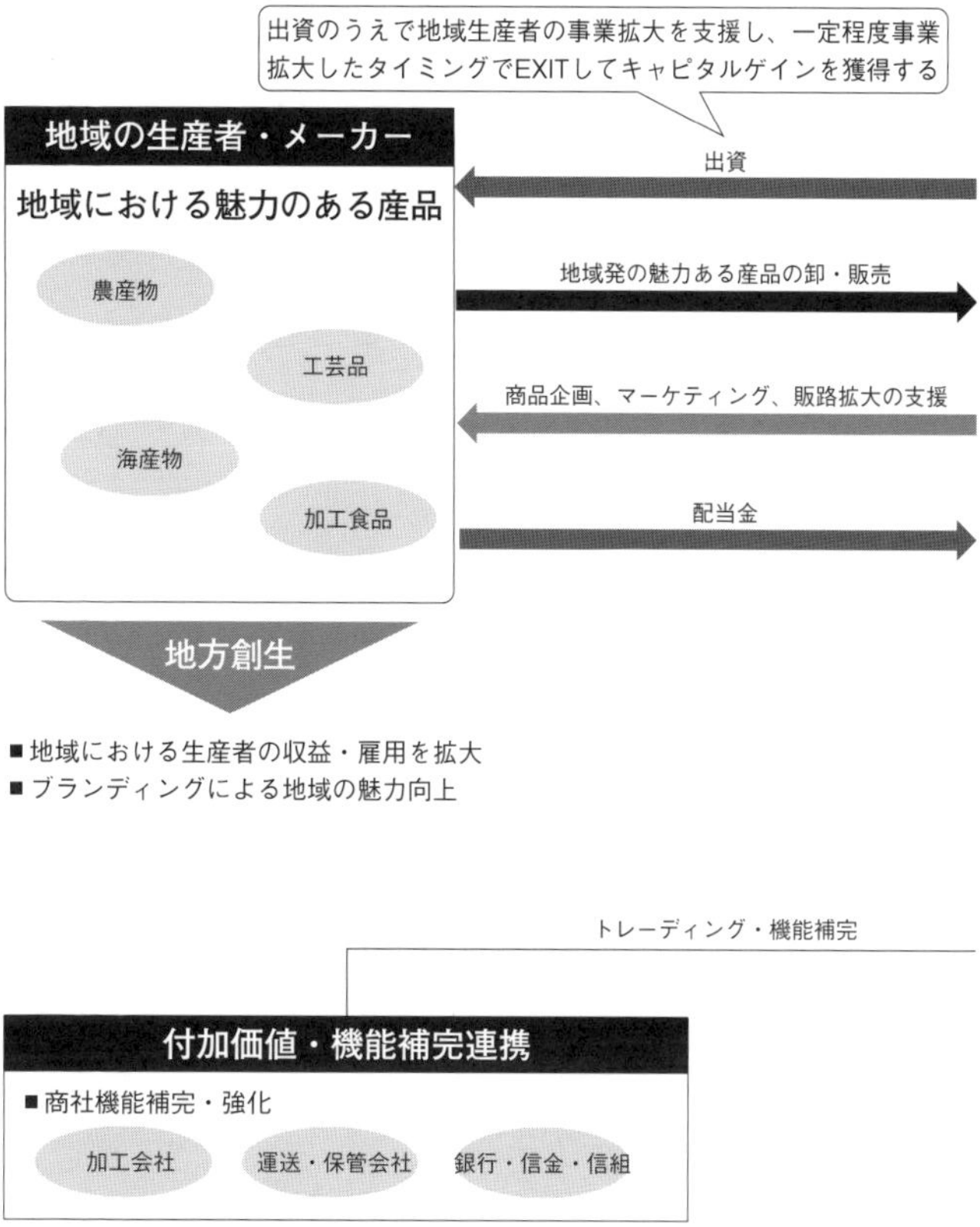
出資のうえで地域生産者の事業拡大を支援し、一定程度事業拡大したタイミングでEXITしてキャピタルゲインを獲得する
地域の生産者・メーカー
地域における魅力のある産品
農産物
工芸品
海産物
加工食品
出資
地域発の魅力ある産品の卸・販売
商品企画、マーケティング、販路拡大の支援
配当金
地方創生
■地域における生産者の収益・雇用を拡大
■ブランディングによる地域の魅力向上
トレーディング・機能補完
付加価値・機能補完連携
■商社機能補完・強化
加工会社
運送・保管会社
銀行・信金・信組

総合サービス化への向き合い方

1 先義後利

「先義後利」とは、中国の古典「孟子」が出典の言葉で、〝道義を優先させ、利益を後回しにすること〟を意味している。つまり、社会や顧客への義を貫くことを優先させれば、その結果、利益は後からついてくるものと解釈することができ、「顧客目線」「マーケットイン」などの発想に通じている。大手百貨店の大丸が経営理念として用いていることでも知られる。

筆者は、地域金融機関の総合サービス化には、この先義後利の考え方が大切であると考えている【図表3－14】。顧客や地域社会からのニーズに応えるためには、まずは求められていることに対して、地域金融機関が先行して取り組むことで顧客や地域に対して義を果たすといった発想が基本となる。

地域のプレイヤーのなかで、この「先義」を果たすことができる存在は少なく、地域金融機関のほかでは地域に根差す地域発の大企業や、地方インフラ系企業、あるいは行政機関に限られてくるだろう。この点、地域金融機関は既に金融のハブとして地域の金流を中心から支えているこ

図表３－14　先義後利による総合サービス化（イメージ）

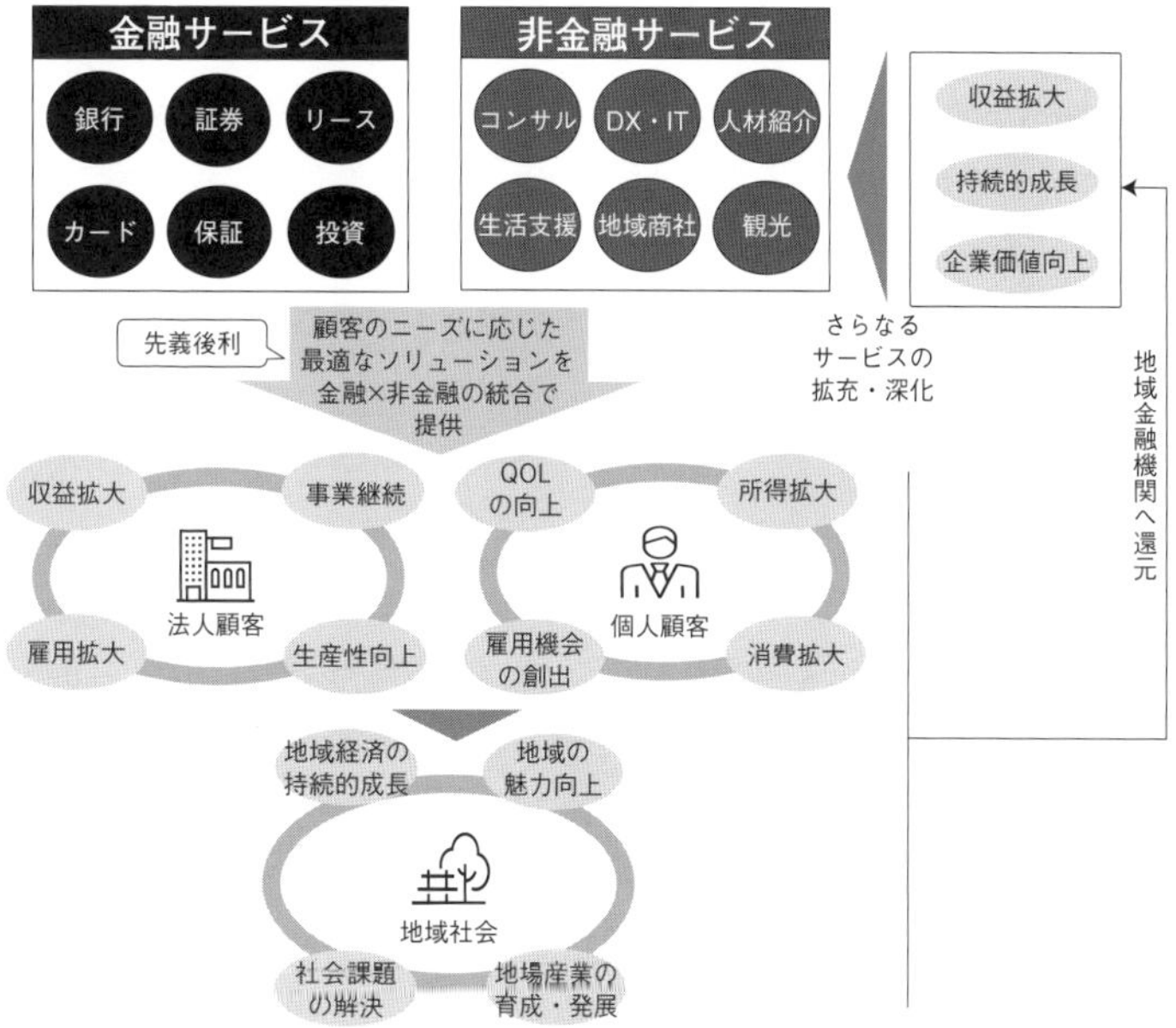

とに加え、地域社会に強大なリレーションと厚い信頼・信用を構築している。一番手行を中心として、地域特性を十分に考慮して顧客や地域のニーズに応じた最適なソリューションを〝金融×非金融〟のミックスかつワンストップで提供していくことが期待される。また、地域内の企業や行政機関との連携、既存プレイヤーを支援していくことで、地域の世話役・仲介役機能も果たしていかなければならないことは既に述べた通りである。

特に地域向けの非金融サービス事例の多くは、足許では「先義」のフェーズにあると見立てている。

図表３－15　先義後利×総合サービス化

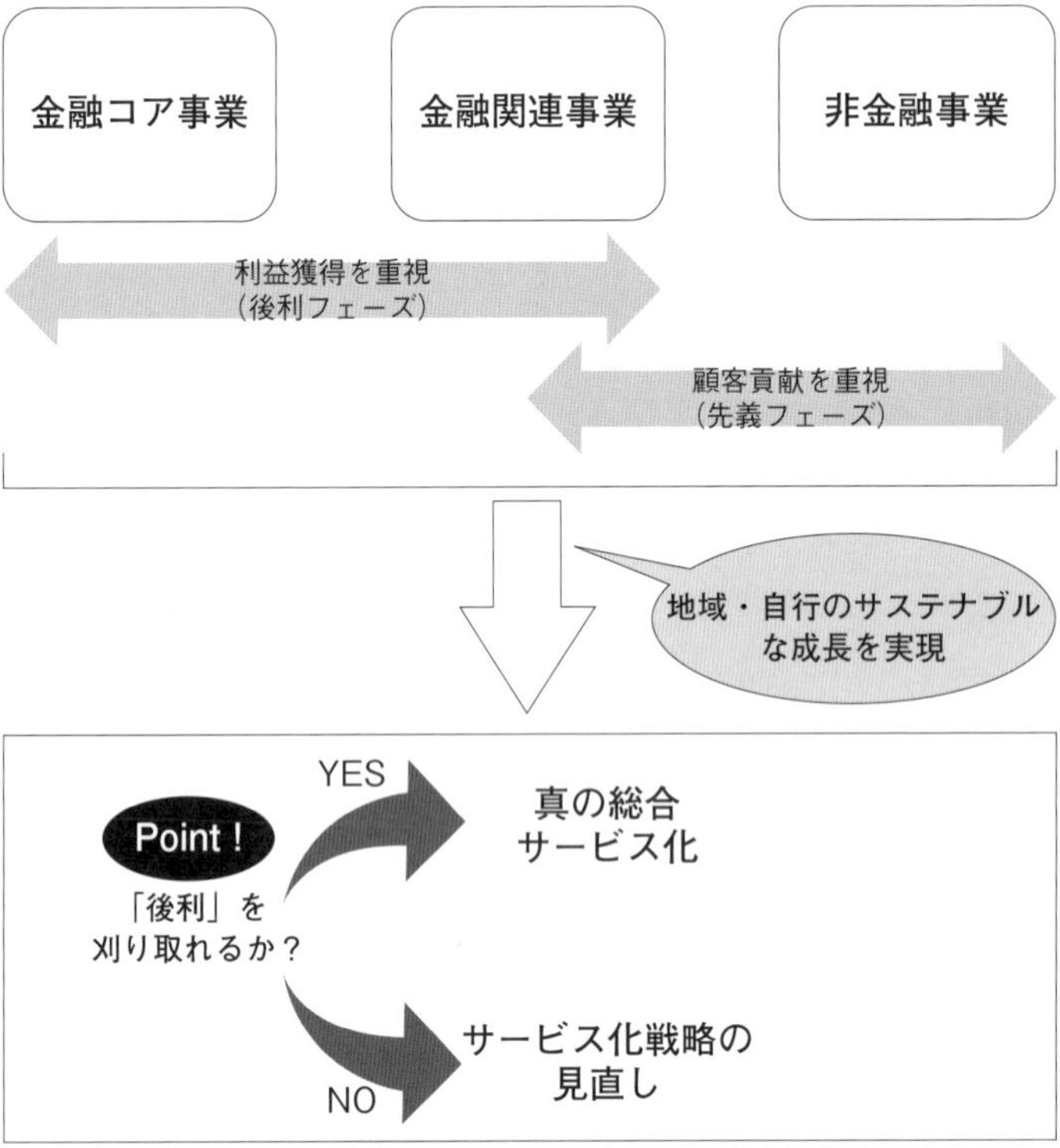

　地域金融機関の総合サービス化の成否は、「後利」を刈り取ることができるかにかかっている。地域金融機関グループの持続可能な経営に向けては、先義優先で利益を刈り取ることができないサービスはどこかのタイミングで見直しを行うか、見切りを付けざるを得ない。事業進出の基本だが、事業進出時にＫＰＩとともに一定の助走期間や見極めの期間

を設定したうえで定期的な進捗モニタリングを行い、未達の場合には見直しを図っていくことが肝要である。現在、筆者が知り得る事例では、非金融事業に「先義優先で、まず始めてみた」の発想で進出し、後利については「いま考えている最中」というのが現状ではないだろうか。

このように未だ確立したものにはなっていないが、総合サービス化の取組みをあえて説明するならば、先義後利の考えのもと、顧客の多様化・高度化するニーズに対して最適な金融・非金融サービスをワンストップで提供することで顧客ニーズを満たし（先義）、地域の発展とともに自社・自グループへの還元が追って達成される（後利）、循環型の事業モデルと考える［図表3－15］。

2　成功確率を上げるためには

総合サービス化は、顧客、地域のニーズに応えて金融コア事業、金融関連事業から非金融事業へとサービスの面を徐々に拡大していくものである。そのため、総合サービス化はその前提となり中心である金融コア事業の強化が必要となる。

例えば、地域商社への進出を考えてみても、融資取引などで構築したリレーション（取引先の事業内容・得意領域の把握や与信状況、ランク）をベースにした商品の仕入れ・売りや商品開発などの商社ビジネスが展開されていく。金融コア事業の強化は、単独の地域金融機関としての取組みのほか、地域金融機関あるいはメガバンクなども含めた銀行業界全体の取組みもある。例えばDXなどによる銀行ビジネスのデジタル化や与信先ポートフォリオの見直し、あるいはシステムや事務業務の共同化・スリム化などによって推進していかなければならない。その先には、リースやクレジットカード、保険等の金融関連事業などの事業軸の拡大により地域における総合金融サービス業へと発展し、金融の枠内での総合企業化が進み、金融事業間のシナジーを目指していくこととなろう。

ここまでは割と容易に想像がつくし、各地の地域金融機関が取組みを推進していると拝察している。では、その先の非金融事業はどのように進むべきか。この点について筆者は、非金融事業のニーズがあることを大前提として、金融コア事業から金融関連事業の流れを汲んだ**金融ドリブンでの事業進出**と、顧客や地域のニーズが起点となる**地域ドリブンでの事業進出**の2パターンがあると考えている［図表3－16］。

前者は金融コア事業とのシナジーが見込め、事業進出イメージが湧きやすく、後利が刈り取りやすい事業である。主に法人向けのコンサルティングや有料人材紹介などの事業がこれに該当する。

対して後者は、金融をベースとせず、主に地域社会などのステークホルダーからのニーズを直接実現するためのサービスであり、金融コア事業を必ずしも前提としない。主に地域向けの観光

図表3－16　金融ドリブン／地域ドリブンな非金融事業

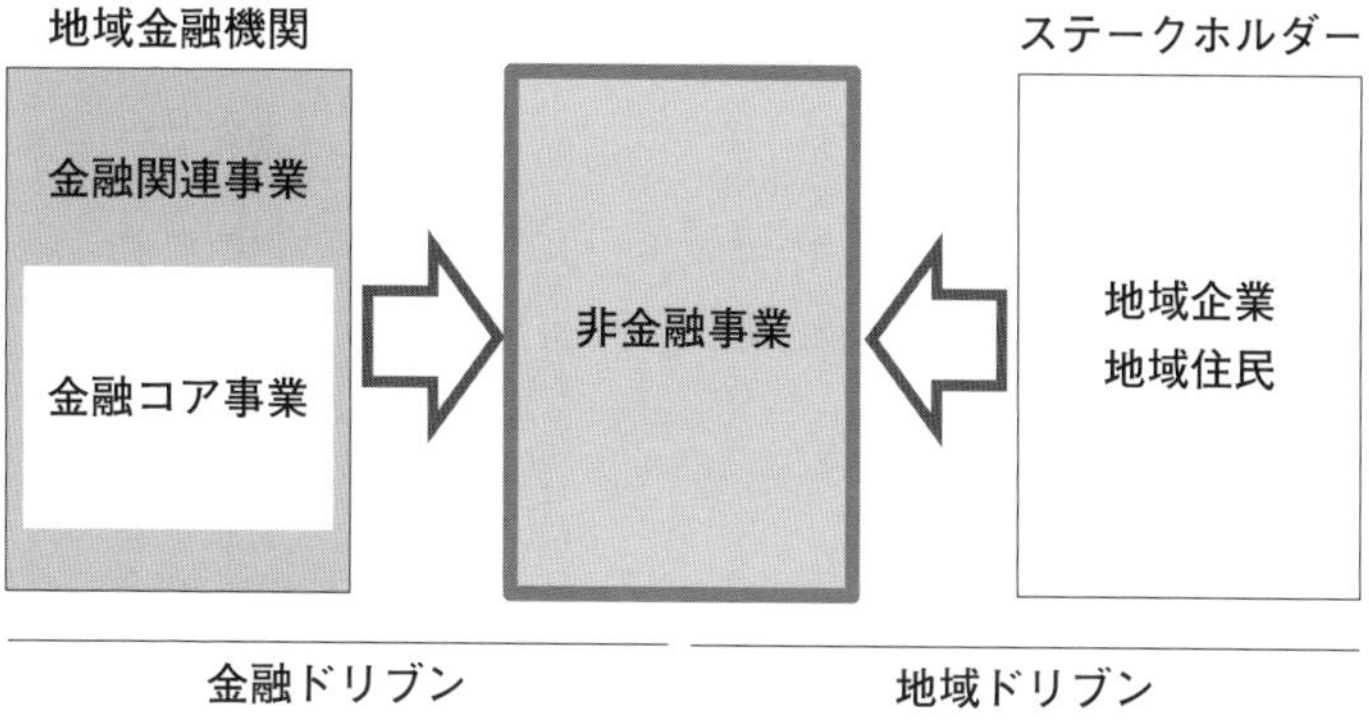

事業等が該当する。金融とのシナジーを目指しにくく、投資回収、単体での収益事業化に時間がかかる後利が刈り取りにくい事業と推察される。一方で、この地域ドリブンな非金融事業は「先義後利」の考え方にストレートに合致するものであり、地域のハブとなるべき地域金融機関が地域の持続的成長のために取り組む意義があり、また、取り組まなければならない事業でもある。総合サービス化の成否は、この地域ドリブンな事業をいかに単体で収益事業化し、金融とのシナジーを発現させるか、つまり「後利」を刈り取りにいけるかにかかっているともいえる。現状、多くの地域商社事業や観光事業で成功モデルの確立や収益化している事例がみられないことから、進めることの難しさが垣間みえる。クラウドファンディングなどの「金融事業」と絡めたりすることで収益化を図るなどの工夫が各地でされているところであり、金融関連事業と地域ドリブンな事業をビジネス的に紐付けたり、地域金融機関が持つ域

内外のコネクション力・コーディネート力などをフル活用したりすることで、総合サービス化の成功確率を上げていくことが求められるだろう。

3　総合サービス化の先にある未来

総合サービス化が進むと、その先にある未来はどうなるだろうか。現行の規制法や金融当局の監督指針などを一旦横に置いてフラットに考えてみると、筆者は、地域の一番手行を中心にして総合サービス化が進むと、最終的には金融と非金融を対等に位置付けた地域版の総合サービス企業が地域ごとに立ち上がると見立てている。自社で金融サービスと非金融サービスの提供を行うとともに、それに匹敵する位置付けで地域内における創業や再生、事業譲渡などにより「個」を支援するためのプラットフォーム機能も有する地域版総合サービス企業である［図表3－17］。あくまで主役は地域である。地域金融機関グループでの収益の最大化・地域におけるビジネス独占の発想ではなく、自社でのサービス提供と地域に還元していく事業の棲み分けが肝要であり、「個」を支援する発想のもと事業を作っては地域に還元していく循環モデルが構築できなければならない。

筆者は地域版総合サービス企業の中心には地域金融機関がある姿が望ましいと考えているが、前述した通り、取組みのきっかけは地域金融機関の総合サービス化であるものの、最上位の持株

図表3－17　地域版総合サービス企業（イメージ）

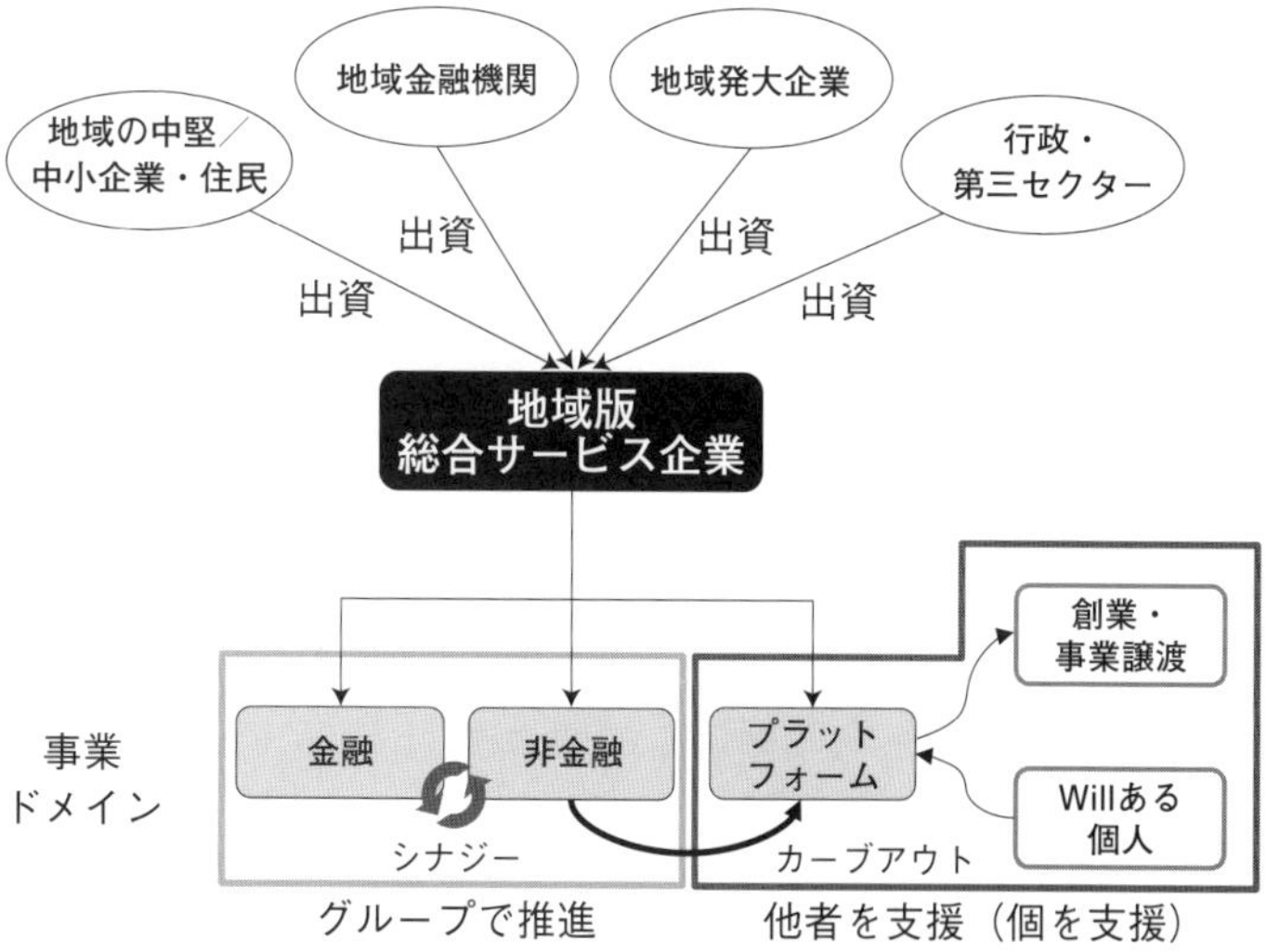

会社を各ステークホルダーの共同出資で立ち上げ、金融や非金融の領域ごとに中間持株会社を複数置き、その傘下で各個別サービスを機能会社が提供していく姿が実現されると地域エコシステムがより循環する形になるのではないか。足許で地域金融機関が推進している総合サービス化のための各種事業は、M&Aなどでそのなかに取り込んでいくこととなるだろう。

いうまでもなく、金融機能は地域金融機関が中心となって推進していくこととなるが、非金融事業やプラットフォーム事業は地域における名士の企業や地域発の大企業が推進することで、自社の得意領域をそれぞれ活かして地域活性化を実現していくこととなろう。

あるいは、地域において立ち上がった地域プ

図表３－18　地域プロデュース企業等への金融機能等の提供

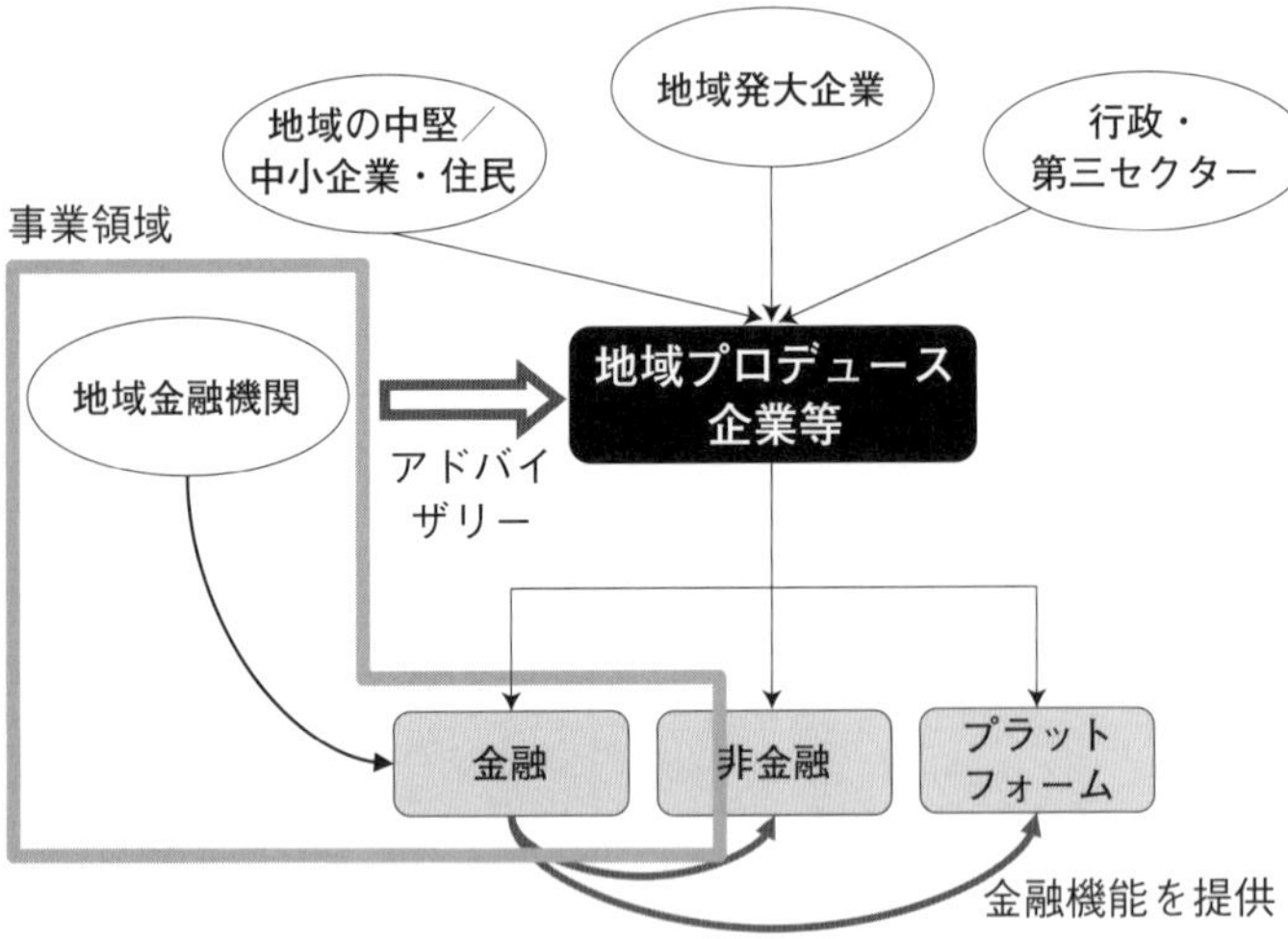

ロデュース企業等へ、地域金融機関が金融機能を提供するといった方法もあり得ると考える［図表3－18］。

顧客にとっては従来の金融サービスが維持されることに加えて、非金融サービスについてもワンストップで専門サービスが受けられ、さらに情報が横串で関係する会社間で共有されることでより自分・自社に合ったサービスを受けられたり、申込みや各種手続きの手間が省略されたりするなど、メリットが多い。また、地域にとっても、地域活性化に向けて進んでいく企業グループが明確化されることで進捗状況がわかりやすく、産学官で各種のプロジェクトを組成し、連携していくことも可能となる。

地域とともに栄える

本章では、総合サービス化の本質について解説した。つまるところ、総合サービス化の本質とは、〝取引先や地域の発展と自行収益のバランスがとれた地域エコシステムの構築を前提としながらも、先義後利の考えのもと、地域経済の持続可能性を高めるために、金融ビジネスのあり方を発展させること〟であると考えている〔図表3―19〕。

そのための手段として、持株会社のスキームを用いて事業多角化や異業種・地域との連携を進めやすい形式にグループ形態を変化させたり、銀行傘下に機能子会社を配置することで銀行のガバナンスを効かせて銀行とのシナジーを追求したり、別法人化せずに銀行本体で事業を展開したりと、各地の地域金融機関ごとに今後も独自の経営戦略に沿った形態で総合サービス化のスキームを進化させていくものとみている。

また、地域金融機関が総合サービス化を推し進めて地域エコシステムを構築していくことは地域金融機関単体でなし得るものではなく、地域内の企業や、地域内に存在する他の地域金融機関、あるいは異業種との連携を推し進めることで総合的に達成されるものである。これには、地域金融機関の引力が重要となり、各地の地域特性に応じた地域の未来をいかに描き、同志を増や

図表３－19　総合サービス化の本質

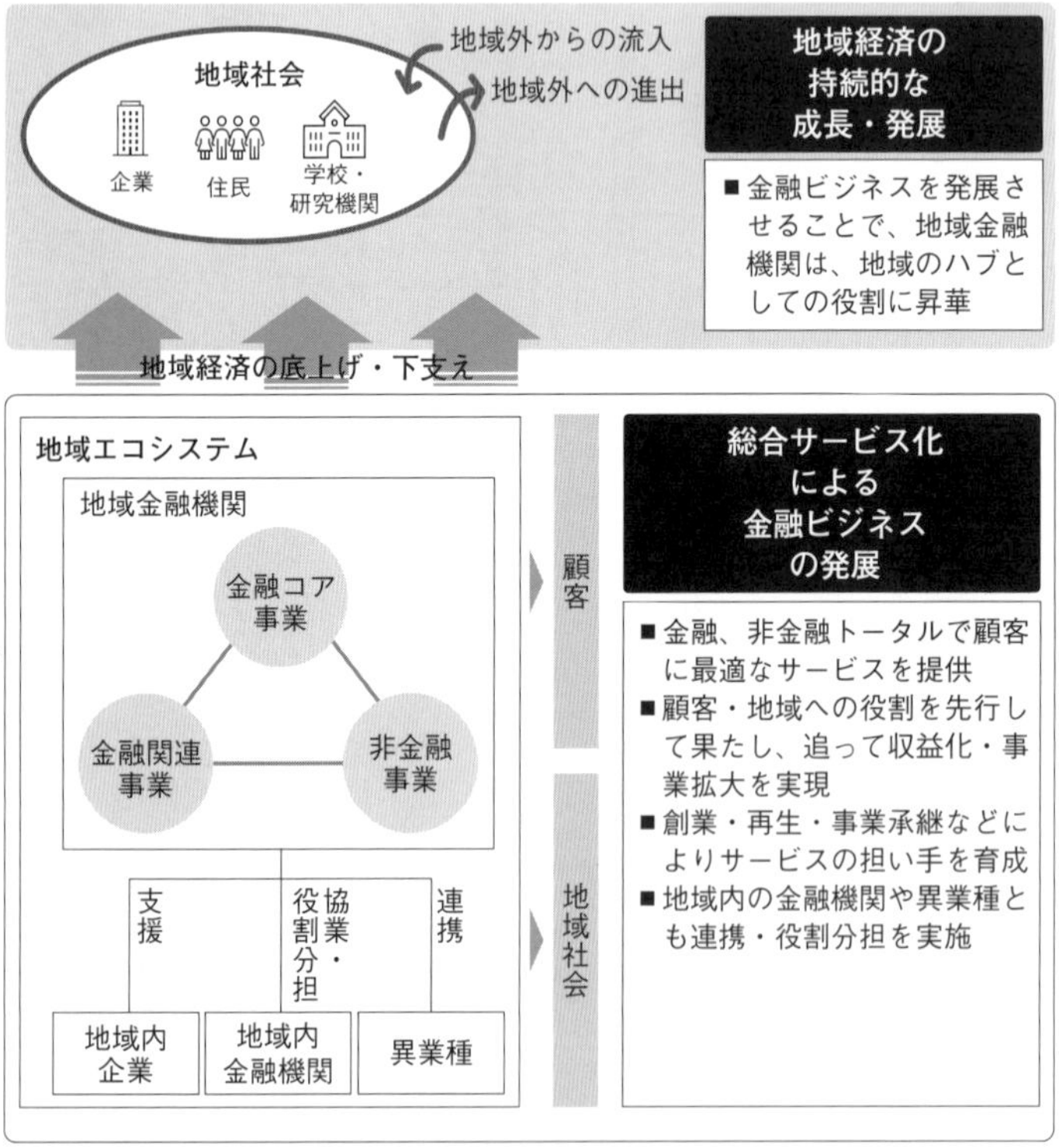

していけるかというセンスが問われている。経営を取り巻く環境が変化し地域金融機関の変革が迫られているというのはあくまで地域金融機関としての目線感でしかなく、極端な話、地域の人にとっては関係のない話である。

　これを、社会課題や地域のメリットといった地域目線に転換し、地域の持続的成長を支えるという発想から具体性を持った戦略に落とし込んで総合サービス化を進めていくことが今後の地域金融機関に求められることである。

（注）

1　スタートアップスタジオ：起業家やイノベーターと共に複数の新規事業を並行的に立ち上げる組織。経営ノウハウや資金、人員などのリソース提供を行い、事業の成功に資するためのバックアップを行う。

2　参考になるのは北國フィナンシャルホールディングスの事例であり、同グループは銀行を他のグループ企業と同列に置き、「次世代版地域総合会社」を標榜して機能強化を進めている。

3　あくまで副次的効果ではあるが、これによって他資本からの買収防衛効果も期待できる。

4　正確には、個別の領域では存在しているが、地域活性化を正面に打ち出し事業としてトータルで取り組んでいるところは極めてまれである。ちなみに、トータルで取り組んでいる事例で有名なのは、第2章で取り上げたヤマガタデザイン株式会社などがあげられる。

5　悩ましいのは、メガバンクや異業種参入組などのプレイヤーがひしめき合い、大手・大企業や地方出身者が多い東京・大阪といった大都市圏を地盤とする地域金融機関である。デジタルバンクなど、チャネルやレイヤーを変化させることで変革に取り組んでいる金融機関もあるが、総合サービス化に向けては異業種連携をベースにするなど、大都市圏独自のパターンが今後生まれてくるものと推察している。

おわりに

地域金融機関が総合サービス化を実現していくことの本質は、「取引先や地域の発展と自行収益のバランスがとれた地域エコシステムの構築を前提としながらも、先義後利の考えのもと、地域経済の持続可能性を高めるために、金融ビジネスのあり方を発展させること」である。

ここで改めて語るまでもないが、地域金融機関の1丁目1番地が「地域に資する」であることに疑いの余地はないだろう。総合サービス化を進めるにあたっての大義名分もこの「地域」にある。我々はそれを「先義後利」というキーワードを使って、まだ誰も取り組んでいないが地域にとってプラスになる事業や、やりたいという人はいるものの支援者やヒト・モノ・カネ・情報などのリソースがない事業について、地域金融機関が既存の金融ビジネスを使って、あるいは新たに非金融事業に進出することで地域と伴走して実現していく姿が到来することを望んでいる。

地域金融機関は日本全国津々浦々に存在しており、国民にとって極めて身近な存在であり、社会インフラである。民間企業でここまで地域に密着しているのも他に類をみない。生まれて初めて銀行口座を持ったのは、地域金融機関の口座という方も多いのではないだろうか。かくいう筆者も、数十年前の幼少期に初めてつくった銀行口座は地元の地方銀行であり、その口座を現在も利用している。おそらくこの口座には筆者の入出金データやパーソナルデータが数十年分積み重なっており、デジタルマーケティングには最高の素材である。

社会人になってからは地元を離れたため一時は休眠口座となってしまっていたが、数年前、この銀行は銀行アプリをリリースしたため、筆者が暮らす東京にいながらもアプリを使って容易に取引を行うことができるようになった。そこで、地元に暮らす両親との資金のやり取りに便利なことや、なにより地元への愛着もあって利用を再開した。マーケティング的には、デジタルチャネルであるアプリをきっかけとして休眠口座をアクティブ化させた事例として認識されていることだろう。

地元の地方銀行が「非金融×個人×デジタル」の枠組みで総合サービス化を進めれば、今後、デジタルチャネルを使って様々なサービス案内が来るかもしれない。なかでも、非金融サービスの案内が来ることを大いに期待している。例えば、両親の見守り・介護や食事の宅配、古くなった実家のリフォームや建替え、あるいは贈り物など、生活全般のサービス案内が来れば、地元かつ銀行の安心感もあって「使いたい」という気持ちが湧き上がってくるだろう。決済が銀行口座とワンストップで紐付いていれば利便性が高くさらに嬉しい。

前記は、筆者の体験に基づく「地元の地域金融機関の個人向け総合サービス化はこうあってほしい」という個人的な考えであるが、読者諸氏も賛同いただける方が少なくないのではなかろうか。特に、就職などで地元から離れて暮らしている方は賛同いただけると思っている。

本書のメイン読者は主に地域金融機関にお勤めの方で、生まれ育った地元で働かれている、あるいはUターンで地元に戻って働かれている方が多いと思われるが、なぜ地元で働いているかを考えると、おそらく「地域の役に立ちたい」という想いに立ち返るのではないだろうか。地域金融機関に就職したのも同様に、「地域の役に立つために最適だから」と考えたからではないだろうか。

この考えを持つ方の集合体、想いの結晶が、総合サービス化の実現に繋がってくるものと考えている。総合サービス化を推進するにあたっては、「地域のために何ができるか」を既存の金融ビジネスの発展のみならず、非金融という金融の枠外発想も持ち出して考えていかねばならない。

本書で取り上げた我々が考える「総合サービス化」が、地域金融機関の今後のビジネスモデルを考える1つの可能性として読者諸氏にとって少しでもヒントになったと感じていただければ、我々として望外の喜びである。

本書の刊行にあたり、各地の地域金融機関の方々や地域金融機関への造詣が深い方々と、弊社が考える地域金融機関のあるべき姿や総合サービス化の考え方について議論を重ね、リアルな現場の声を頂戴できたことが本書の刊行に繋がっている。お忙しいなか時間を割いて議論にお付き合いいただいたすべての方に感謝申し上げたい。

また、弊社内においても、業界を跨ぐ異業種進出に関する自社研究活動のメンバーである金融ビジネスユニットの田原章一郎氏と中村亮太氏には各種情報のリサーチなどで多く貢献いただいた。

最後に、本書の企画から出版に至るまで、金融財政事情研究会の江口珠里亜氏に多大なるご尽力をいただいた。

ご協力いただいたすべての方にこの場を借りて御礼申し上げます。

著者一同

著者略歴

［全体監修］

大野　晃　アビームコンサルティング　金融ビジネスユニット 執行役員プリンシパル

アビームコンサルティング入社以来20年以上にわたり、金融業・サービス業を中心に事業戦略立案、新規事業検討・立上げ、M&A戦略立案、システム構想策定等の戦略コンサルティングに加え、経営統合、全社BPR、基幹システム構築などの大規模プロジェクトPMO等多様なコンサルティングを担当。現在、地方銀行向けサービスを統括。著書に『地域金融機関の合併の実務――これからの経営統合・合併を考える』（共著・一般社団法人金融財政事情研究会発行）。

［全体監修　1章・2章・3章執筆］

岡本　陽介　アビームコンサルティング　商社・コンシューマービジネスユニット シニアマネージャー

起業、大手商社を経て2018年アビームコンサルティング入社。総合商社、PEファンド、金融業、通信業など幅広い業界に対する戦略策定、新規事業検討・立上げ、バリューチェーンを統合／横断したDX推進、企業間のデータを利活用したグループマーケティング推進などの戦略領域やデジタル領域を中心にプロジェクトをリード。近年は地域商社に関する研究活動にも携わる。

［2章・3章執筆］

小林　悠彌　アビームコンサルティング　金融ビジネスユニット　マネージャー

2018年アビームコンサルティング入社以来、メガバンク、地方銀行、総合商社、デベロッパーなど幅広い業界に対する戦略立案、特に未来像の策定や新規事業企画に係る構想・計画策定などを担当。また、近年は金融機関の異業種進出および異業種企業の金融参入といったテーマの研究活動にも携わる。

KINZAIバリュー叢書
地域金融機関の総合サービス化戦略
――金融×非金融で地域のハブに

2023年7月6日　第1刷発行

著　者　大　野　　　晃
　　　　岡　本　陽　介
　　　　小　林　悠　彌
発行者　加　藤　一　浩

〒160-8519　東京都新宿区南元町19
発　行　所　一般社団法人 金融財政事情研究会
出　版　部　TEL 03(3355)2251　FAX 03(3357)7416
販売受付　TEL 03(3358)2891　FAX 03(3358)0037
URL https://www.kinzai.jp/

校正:株式会社友人社／印刷:株式会社日本制作センター

ISBN978-4-322-14356-0